LA COURSE À PIED
au féminin

LA COURSE À PIED

au féminin

Sophie Allard

LES ÉDITIONS **LA PRESSE**

Catalogage avant publication de Bibliothèque et Archives nationales du Québec et Bibliothèque et Archives Canada

Allard, Sophie, 1975-
La course à pied au féminin

Comprend des réf. bibliogr.

ISBN 978-2-89705-141-9

1. Course à pied féminine. 2. Course à pied féminine - Entraînement. I. Titre.

GV1061.18.W66A44 2013 796.42082 C2013-940309-4

Directrice de l'édition : Martine Pelletier

Directrice de la commercialisation : Sandrine Donkers

Éditrice déléguée : Nathalie Guillet

Conception graphique de la couverture : Yannick Nolet

Grille intérieure et mise en page : Pascal Simard

Correction d'épreuves : Yvan Dupuis

Révision : Natacha Auclair

L'éditeur bénéficie du soutien de la Société de développement des entreprises culturelles du Québec (SODEC) pour son programme d'édition et pour ses activités de promotion.

L'éditeur remercie le gouvernement du Québec de l'aide financière accordée à l'édition de cet ouvrage par l'entremise du Programme d'impôt pour l'édition de livres, administré par la SODEC.

Nous reconnaissons l'aide financière du gouvernement du Canada par l'entremise du Programme d'aide au développement de l'industrie de l'édition (PADIÉ) pour nos activités d'édition.

Dépôt légal – 1er trimestre 2013
ISBN 978-2-89705-141-9
Imprimé au Canada

LES ÉDITIONS **LA PRESSE**

Présidente
Caroline Jamet

Les Éditions La Presse
7, rue Saint-Jacques
Montréal (Québec) H2Y 1K9

À Clémence, qui court particulièrement vite...
avec ses souliers magiques !

À Vincent, mon « grand champion international de course ».

TABLE DES MATIÈRES

PORTRAITS DE COUREUSES

MARATHON OASIS
DE MONTRÉAL
6026
OASIS

AVANT-PROPOS

« Êtes-vous coureuse ? » Toutes les fois où on me pose cette question, je bredouille, hésitante. Je suis gênée. Oui. Je cours. Un peu. Pas très vite. Jamais de marathon. Une compétition ou deux par année. Parfois pas. Mais je cours régulièrement depuis plus de 15 ans. Tout comme mes sœurs et mes parents. Alors, moi, coureuse ? Oui. Tout simplement parce que la course à pied fait partie de ma vie.

Courir est pour moi un véritable plaisir, un besoin. Même quand ça fait mal. J'aime croiser sur mon parcours un lièvre surpris, sentir la pluie fine sur mon visage, réaliser que mes foulées suivent le tempo de ma chanson préférée, avoir cette délicieuse impression de flotter, savourer ce sentiment de liberté et de légèreté, franchir, satisfaite et vidée, la ligne d'arrivée.

Seulement au Québec, nous sommes des centaines de milliers de femmes à courir. Certaines courent de temps en temps, d'autres énormément. Certaines trottinent, d'autres filent à vive allure. Chacune d'entre nous court son histoire et ses rêves. Ses malheurs aussi. Ce livre souhaite illustrer la diversité de la course à pied au féminin à travers le portrait de dix coureuses d'exception de divers calibres. Leur parcours de vie est unique, touchant, inspirant. Leur passion pour la course à pied est sans équivoque. Et chacune d'elles la vit à sa façon.

Tout au long de ce livre, j'ai choisi de faire une grande place aux témoignages de femmes qui racontent leur amour pour la course à pied, les raisons qui les poussent à courir et les acrobaties qu'elles exécutent pour arriver à concilier travail, famille et entraînement. Elles sont de tous horizons, de tous âges. Comme quoi la course nous rejoint toutes. Que l'on pratique le triathlon ou le canicross, que l'on ait 12 ans ou 87 ans !

Ceci n'est pas un manuel d'entraînement, mais plutôt un guide d'accompagnement pour courir inspirée, motivée et en santé. J'y présente des informations sur les bienfaits de la course à pied, des réponses à nos questions sur l'entraînement, des conseils de sécurité, des trucs pour les coureuses débordées, des renseignements sur la course à pied durant l'adolescence, la grossesse et la ménopause ainsi que des trucs pour prévenir les blessures et bobos féminins. Pour courir longtemps et sûrement, et toujours avec plaisir. Bonne lecture !

À noter ! *Découvrez en exclusivité des dizaines de témoignages de coureuses et profitez-en pour échanger sur des thèmes qui nous rejoignent sur la page Facebook :* « La course à pied au féminin ». *Joignez la communauté !*

Seule Canadienne gagnante du marathon de Boston (1980), Jacqueline Gareau a aussi remporté les marathons de Montréal (1979, 1987), d'Ottawa (1979) et de Los Angeles (1984). Elle était du premier marathon féminin olympique (1984) et a été nommée marathonienne du XXe siècle au Canada.

PRÉFACE

La vie, c'est comme une bicyclette, il faut avancer pour garder l'équilibre.
– Albert Einstein

Cela fait presque 40 ans que j'ai commencé la course à pied, et j'éprouve encore autant de plaisir à m'y adonner. Tout au long de ma vie, ce sport m'a aidée à me sentir plus forte. De jour en jour, j'avais plus de persévérance, de volonté, de confiance. Quand je suis en forme, je me sens bien, plus en contrôle. Lors d'un congé forcé, j'ai la sensation de perdre mes rênes.

J'aime courir, complètement détendue, laissant mon corps suivre la gravité. J'aime avoir cette impression de voler, d'être un petit animal, une biche. Je médite, je fais des prières, c'est ma religion. J'ai connu une belle carrière, j'en suis fière et j'en garde de bons souvenirs. Mais la course à pied, c'est bien plus.

C'est ce que j'ai réalisé, à 40 ans, avec la naissance de mon fils. Cet enfant a complètement bouleversé ma vie. J'en étais très heureuse, mais je vivais un important conflit intérieur. On m'encourageait à poursuivre ma carrière, mais mon cœur n'y était plus. La performance avait fait son temps. Depuis que je suis mère, l'équilibre est prioritaire chez moi et c'est ce que je prône. Aussi, chères coureuses, ne surchargez pas votre calendrier de compétitions, faites de petites courses et, surtout, amusez-vous.

La course à pied est un sport enivrant qui nous permet de nous mettre en forme facilement, mais surtout qui nous procure bien-être, bonne humeur et relaxation bénéfique. Il n'est donc pas surprenant de voir, d'année en année, une augmentation du nombre d'adeptes de course à pied. Je suis particulièrement heureuse de voir, parmi les coureurs, le pourcentage de femmes monter en flèche, car cela veut dire que la contagion atteindra des familles entières et que ça deviendra un mode de vie dans notre société.

Je suis certaine que vous puiserez dans ce livre les informations nécessaires pour vous donner l'élan de confiance qu'il faut pour entamer ce sport et pour atteindre vos buts personnels. Votre motivation y sera soutenue par les récits de modèles inspirants de tous les âges. Qui sait, peut-être cela vous aidera-t-il à réaliser un rêve secret ?

Je vous souhaite autant de bonheur et de passion que j'en ai eu (et que j'ai toujours !) grâce à la course à pied. Ne vous gênez pas et vivez vos rêves au maximum.

Jacqueline Gareau

REMERCIEMENTS

Ce livre, c'est en partie celui d'Annie, de Josée, d'Achaymaa, de Mélanie, de Lysanne, de Yolande, de Gabrielle, de Nathalie, d'Emmanuelle et de Jennifer. Elles ont généreusement accepté de me raconter leur passion pour la course à pied, pour nous toutes. Je les en remercie.

Je tiens également à remercier les nombreuses coureuses que j'ai rencontrées et interviewées en 2012 pour faire de ce livre un guide qui nous appartient et qui nous parle. Un merci spécial à Caroline Allard, Sophie Desmarais, Alexandra Diaz et Luce Dufault.

Un merci chaleureux à Guy Thibault, docteur en physiologie de l'exercice et chercheur à la Direction du sport, du loisir et de l'activité physique pour le ministère de l'Éducation, du Loisir et du Sport, d'avoir partagé ses connaissances pointues en sciences de l'activité physique, pour sa grande disponibilité et son souci du détail. Un grand merci également à François Lecot, kinésiologue, entraîneur, directeur de course et chargé de cours à l'Université de Montréal (UdeM), pour sa générosité et son professionnalisme. Ils ont tous deux jeté un œil avisé sur le contenu relatif à l'entraînement et à la santé afin que je puisse livrer ici l'information la plus juste et à jour possible.

Je remercie tous les intervenants qui, de près ou de loin, ont collaboré à ce livre : les entraîneurs, les directeurs de course, les représentants d'organismes sportifs et les conseillers des boutiques.

Un merci spécial à Jean-Yves Cloutier, entraîneur, président et fondateur du club Les Vainqueurs et coorganisateur du Tour du lac Brome; à Suzanne Laberge, responsable du Laboratoire de sociologie du sport, professeur titulaire et directrice adjointe du Département de kinésiologie de l'Université de Montréal; à Élise Detellier, historienne; à Paul Foisy, historien amateur; à Pierrich Plusquellec, codirecteur du Centre d'études sur le stress humain de l'hôpital Louis-H. Lafontaine; à Martin Juneau, docteur et directeur de la prévention à l'Institut de cardiologie de Montréal; à Louis Bherer, titulaire de la Chaire de recherche du Canada sur le vieillissement et la prévention du déclin cognitif et directeur scientifique du centre PERFORM de l'Université Concordia; à Diane B. Boivin, docteure et directrice du Centre d'étude et de traitement des rythmes circadiens de l'Institut de santé mentale Douglas; à Melisa Nestore, kinésiologue et directrice du Centre de mieux-être et de services de santé intégrés VM Medical; à Serge Marchand, neurophysiologiste, professeur à la Faculté de médecine de l'Université de Sherbrooke (UdeS) et directeur du centre de recherche clinique Étienne-Le Bel du Centre hospitalier universitaire de Sherbrooke (CHUS); à Bruno

Ouellette, psychologue sportif et organisationnel chez SPB; à Marielle Ledoux, directrice du Département de nutrition de l'Université de Montréal; à Angelo Tremblay, professeur en kinésiologie à l'Université Laval (UL) et titulaire de la Chaire de recherche du Canada en environnement et bilan énergétique; à Martin Fontaine, entraîneur de course à pied et éducateur physique; à Blaise Dubois, physiothérapeute du sport et conférencier; à Mireille Belzile, médecin du sport; à Martine Duclos, docteure et professeure des Universités – praticienne hospitalière, chef du Service de médecine du sport au Centre hospitalier universitaire (CHU) de Clermont-Ferrand, endocrinologue et physiologiste; à Laurent Gingras, sergent-détective aux relations médias du Service de police de la Ville de Montréal (SPVM); à Émilie Lachance, professeure clinicienne au Département de sciences de l'activité physique et directrice de la clinique de kinésiologie de l'Université du Québec à Trois-Rivières (UQTR); à Émilie Brunet-Pagé, sage-femme et candidate à la maîtrise en sciences de l'activité physique; à Michael Kramer, docteur et professeur de pédiatrie, d'épidémiologie et de biostatistique à l'Université McGill; à Isabelle Dionne, chercheuse au Centre de recherche sur le vieillissement et professeure à la Faculté d'éducation physique et sportive de l'Université de Sherbrooke; à Andrée Dionne, kinésiologue et responsable du Centre d'entraînement universitaire de l'Université du Québec à Montréal (UQAM); à Diane-Gabrielle Tremblay, professeure à l'École des sciences administratives de la TÉLUQ et spécialiste en gestion des ressources humaines, en économie et en sociologie du travail; à François Prince, directeur du Département de kinésiologie de l'Université de Montréal; à Sylvie Béliveau, conseillère à Égale Action; à Laurent Bosquet, doyen de la Faculté des sciences du sport de l'Université de Poitiers.

Merci à Vincent Paris pour tout.

Introduction

UNE DÉFERLANTE DE COUREUSES

Dimanche, 15 juillet 2012. Il est 8 h 25, la journée est déjà chaude. Quelque 750 femmes, toutes de rose vêtues, sont entassées sur la Terrasse de Lévis. Elles rient, jasent, ajustent leurs soutiens-gorge et lacent solidement leurs souliers. Fébriles – et nerveuses –, elles sautillent sur place et attendent avec impatience le départ de la course. Plus que cinq minutes encore. Ces femmes participent à la troisième édition du Défi des dames de cœur, une course exclusivement féminine. Aucun homme n'est admis sur le parcours.

Coup de trompette assourdissant. Ça y est, c'est parti. Une marée rose se déverse dans les rues vallonnées de la ville. Le spectacle est quelque peu surréaliste en ce doux matin ensoleillé. En milieu de peloton, une femme exhibe une longue chevelure teinte rose bonbon pour l'occasion. Du haut de leurs balcons, les résidants, café à la main, prennent part à la fête et encouragent cette horde de femmes enthousiastes. À bout de souffle et en sueur, elles atteindront la ligne d'arrivée après un effort de 5 ou 10 km.

Isabelle Bernier, 50 ans, est du nombre. « J'ai commencé à courir il y a trois mois. Pour célébrer mon cinquantième anniversaire, je voulais relever le défi : courir 5 km. Je l'ai fait, confie-t-elle dans l'aire d'arrivée. J'ai trouvé le parcours difficile; il y avait plus de montées que je pensais. J'ai beaucoup aimé l'effet d'entraînement et de camaraderie. C'est un beau défi, j'ai la piqûre. » Ses deux filles, sa sœur et son amie l'ont suivie dans cette aventure. Toutes de nouvelles coureuses. « J'étais nerveuse, j'avais peur de ne pas réussir, mais nous sommes si contentes d'être là. On se rend compte qu'il y a des coureuses de tous les âges, de tous les calibres », confie Diane Godbout, 52 ans, de Boisbriand.

Denise Giroux, 69 ans, compte parmi les coureuses les plus âgées de la journée. Elle a participé au 5 km. « J'ai alterné marche et course. C'est merveilleux, même à la chaleur. Courir me met en forme, et je m'entraîne régulièrement à la maison. Je suis ici pour accompagner ma fille, Annie. Elle a perdu 14 kg en courant. »

Coureuse expérimentée, Joëlle Cheblis, 32 ans, a fait tourner les têtes à son arrivée. Elle a couru 10 km avec, dans une poussette, ses trois enfants âgés de 3 mois, 20 mois et 3 ans. « Je voulais marcher, mais je me suis laissé emporter par la vague. J'ai repris la course il y a un mois, ça me donne beaucoup d'énergie. Alors qu'il y a tant de tâches à faire à la maison, c'est un défi de trouver du temps pour courir. La solution : je cours avec les enfants ! »

Des femmes dans la course

Pratique de la course à pied/jogging en 2009-2010 au Québec
22,6 % de la population (1 473 000) : au moins une fois dans l'année
25,6 % des hommes (827 000) : au moins une fois dans l'année
19,6 % des femmes (645 000) : au moins une fois dans l'année
64,3 % de tous les coureurs (947 139) : au moins une fois par semaine
La course à pied arrive au sixième rang des activités les plus pratiquées (après la marche, le vélo, la natation, le conditionnement physique et le patinage sur glace).
Source : *Étude des blessures subies au cours de la pratique d'activités récréatives et sportives au Québec en 2009-2010*, Institut national de santé publique du Québec.

Comme Isabelle, Diane, Denise et Joëlle, de plus en plus de femmes pratiquent la course à pied. En quelques années seulement, le nombre de coureuses a littéralement explosé, ici comme ailleurs. En 2004, 13 % des Québécoises de 6 à 74 ans couraient (414 000 femmes); cinq ans plus tard, elles étaient 645 000, estime-t-on à l'Institut national de santé publique du Québec. C'est une femme sur cinq. Du jamais vu.

Le Québec tout entier, semble-t-il, a succombé à l'engouement pour la course à pied. Près d'un million et demi de Québécois courent, et les deux tiers d'entre eux s'entraînent au moins une fois par semaine. C'est énorme. Bien sûr, il y a toujours eu des adeptes. Une première vague a d'ailleurs touché le Québec à la fin des années 1970, après la publication du livre à succès *Aerobics,* de l'Américain Kenneth Cooper (1968), et après la tenue des Jeux olympiques de Montréal en 1976. Elle s'est brisée en moins d'une décennie. À noter que les femmes étaient alors largement minoritaires parmi les coureurs.

« À l'époque, on courait uniquement pour la performance, alors qu'aujourd'hui on court pour le plaisir. Les femmes s'y retrouvent davantage. La course est devenue plus inclusive, accessible », indique Jean-Yves Cloutier, entraîneur et président fondateur du club Les Vainqueurs, à Montréal. Qu'on se le dise : si la course à pied connaît un tel succès aujourd'hui, c'est en grande partie grâce à l'arrivée massive de coureuses.

Les femmes courent d'abord pour la forme et pour une bonne santé. Sans le crier trop fort, elles courent aussi pour perdre du poids ou, à tout le moins, le contrôler. Elles courent entre amies ou seules pour oublier, le temps de quelques foulées, petits et grands soucis. Elles courent aussi pour se dépasser.

« Les femmes sont en général moins obsédées par l'amélioration de la performance, indique Suzanne Laberge, responsable du Laboratoire de sociologie du sport et de promotion de l'activité physique, professeure titulaire et directrice adjointe du Département de kinésiologie de l'Université de Montréal. Elles ont tendance à se fixer de petits objectifs et elles ne sont pas catastrophées si elles ne les atteignent pas. Elles courent d'abord pour maigrir et pour leur santé, pour retrouver leurs copines, pour avoir du temps pour elles et pour prendre l'air. »

Elles courent pour elles-mêmes d'abord. Toutefois, elles courent aussi beaucoup pour les autres. Elles participent en grand nombre à des courses caritatives. Dans les événements majeurs, plusieurs endossent une cause et en portent les couleurs. « C'est un facteur incitatif important, ça ne fait pas de doute. Elles joignent l'utile à l'agréable », note Denis Therrien, président-directeur général de Courir à Québec, qui chapeaute le Défi des dames de cœur. En 2012, les participantes ont amassé 27 000 dollars pour la lutte au cancer de la prostate.

Peu à peu, les femmes se laissent gagner par l'adrénaline des compétitions. Le boom est nettement perceptible sur les lignes de départ, où le nombre de coureuses a plus que triplé en 30 ans ! Encore discrètes sur les longues distances, elles sont majoritaires sur 5 km et 10 km. « On n'aurait jamais cru cela possible il y a à peine 10 ans ! » affirme Jean-Yves Cloutier.

Qu'est-ce qui explique cet engouement féminin pour la course à pied? « D'abord, il y a eu énormément de promotion sur les saines habitudes de vie et ça a touché la cible, explique Suzanne Laberge, elle-même coureuse assidue. Les femmes sont conscientes des bienfaits de l'activité physique sur leur santé et elles se prennent en main. » La médecine et les mentalités ont évolué. « Dans les années 1970, on prétendait que courir était mauvais pour la santé féminine, pour les organes reproducteurs. » Elle se réjouit de voir aujourd'hui de plus en plus de femmes actives, des modèles inspirants. « Cela crée un effet d'entraînement. »

Malgré toutes les bonnes intentions, le train-train quotidien a tôt fait de nous rattraper et la possibilité de bouger fond comme neige au soleil. C'est particulièrement vrai pour les sports organisés. À partir du moment où les femmes travaillent et ont des enfants, de 30 à 45 ans, la pratique sportive devient plus difficile et elles ont tendance à devenir moins actives, selon Suzanne Laberge. « Le manque de temps et la difficulté d'être disponible à un moment fixe sont les principaux obstacles. » La course s'avère donc un choix tout indiqué. « Courir ne demande pas d'habileté technique particulière, ni de déplacement intempestif à l'autre bout de la ville, ni d'équipement sophistiqué. On n'a qu'à sortir de la maison et le tour est joué. »

Marianne Pelchat constate elle aussi un réel engouement. Coureuse élite, elle est rédactrice en chef du magazine km*ag*, destiné aux amateurs de course à pied. « Plus de la moitié de nos lecteurs sont des femmes, et ça reflète ce que l'on voit sur le terrain. Je pense que la course, plus que tout autre sport, gagne en popularité auprès des femmes aujourd'hui. » La course est accessible, demande peu de temps et les résultats sont rapides et concrets. « On en tire des bienfaits physiques et psychologiques en à peine 20 minutes. C'est un bon ratio. C'est idéal si on veut se mettre en forme ou perdre du poids. Déjà, après quelques semaines de pratique, on voit une amélioration dans la foulée, la respiration, l'aisance. » Comme c'est gratifiant rapidement, cela nous incite à poursuivre.

« Les femmes courent de plus en plus et, c'est frappant, elles courent sérieusement, vite et bien. C'est plus qu'une mode passagère, l'activité est intégrée dans leur mode de vie. On assiste à un réel phénomène », précise Guy Thibault, docteur en physiologie de l'exercice et chercheur à la Direction du sport, du loisir et de l'activité physique au ministère de l'Éducation, du Loisir et du Sport.

Selon l'entraîneur Jean-Yves Cloutier, les femmes sont plus rigoureuses à l'entraînement et elles ont moins tendance à improviser, ce que confirme Nadine Maire, cofondatrice de la course La Trotteuse, de Magog. « Les femmes se prennent en charge. Elles vont chercher de l'information, elles veulent la bonne technique pour s'améliorer et ne pas se blesser. Les femmes courent bien et elles comptent le faire pendant longtemps. »

Quelques courses — participation féminine en 2012 et en 2008

5 km Course d'été des îles de Boucherville	2012 — 66.6 %	2008 — 58,3 %
10 km Marathon Oasis de Montréal	2012 — 65,3 %	2008 — 51,4 %
21,1 km Marathon Oasis de Montréal	2012 — 52,5 %	2008 — 31,5 %
10 km Marathon des Deux-Rives	2012 — 62 %	2008 — 52 %
10 km Tour du lac Brome	2012 — 58,4 %	2008 — 48,4 %

Des courses réservées aux femmes

Devant cet essor fulgurant de la course à pied au féminin, des courses réservées aux femmes font leur apparition au Québec. Ces événements attirent des centaines de participantes. Le phénomène est marginal, mais il semble appelé à grossir.

« Durant la course, il y a une belle couleur féminine, un côté festif. C'est tellement beau de voir toutes ces femmes qui courent côte à côte, indique Nadine Maire. Les coureuses s'encouragent, s'inspirent les unes les autres. Ce n'est pas une mentalité qu'on retrouve dans les courses mixtes. Il y a plus de camaraderie entre nous, même s'il y a ce désir de se dépasser. » La Trotteuse (qui remplace La Féminine), c'est aussi un club de course au féminin, dont les membres se rassemblent tous les mercredis soirs et, à l'occasion, voyagent pour courir. « C'est un incitatif. On se retrouve et on court ensemble. Ça nous aide à rester motivées. »

Étonnée de voir si peu de femmes à ses côtés lors de sa première compétition, Dominique Langelier a créé la course À toi Lola, présentée à Mont-Tremblant depuis 2007. Elle souhaitait offrir aux femmes une occasion de courir ensemble sans pression, sans peur du jugement. « Plusieurs femmes sont intimidées et hésitent à s'inscrire à des courses, même si c'est récréatif, affirme-t-elle. Quand on court, on se met à nu. On souffre, on sue, exposées au regard des autres. La pression d'avoir un corps mince, musclé et de performer est très présente dans la société, mais on doit oser. Des femmes de tous les âges et de tous les gabarits prennent plaisir à courir. »

Organisateur du Défi des dames de cœur, à Lévis, Denis Therrien abonde dans le même sens. « Pour plusieurs femmes, le mot "compétition" est un frein. Les courses féminines sont conviviales. Il existe une solidarité entre femmes et un effet d'entraînement qu'on ne retrouve pas chez les hommes. C'est encore plus fort si l'événement leur est réservé, ça devient une sortie de filles. Le marché de la course à pied s'en va vers les épreuves féminines et on voulait être parmi les premiers de la vague à en organiser. » Il a comme projet de lancer des courses réservées aux femmes dans tout le Québec, parce qu'il y a une réelle demande.

En France, les courses féminines sont déjà bien implantées. Quelque 25 000 coureuses participent à la course La Parisienne, présentée depuis 1997. Elles parcourent 6,3 km en boucle autour de la Seine, au son de 600 musiciens. « C'est magique », dit Nadine Maire, qui a participé à l'événement.

Aux États-Unis, la tendance s'installe depuis quelques années. Des circuits de course sont réservés aux femmes, comme le Divas Half Marathon Series. On mise sur le plaisir et le *girl power,* on se la joue *glamour*. Afin de souligner l'effort accompli, les participantes reçoivent un boa de plumes roses, un verre de mousseux, une rose et, parfois, une poignée de main d'un sensuel pompier ! Le marché est grand, le marketing bien ciblé.

RAPPEL HISTORIQUE : LES PREMIERS PAS

La course à pied a longtemps été interdite chez les femmes. D'ailleurs, le sport en général est l'affaire des hommes jusqu'au tournant du XXe siècle. Certes, quelques femmes pratiquent déjà la raquette. D'autres, de milieux aisés, pratiquent le golf, le tennis, la natation ou le patinage. Elles sont l'exception.

« La mise en marché de la bicyclette à un prix abordable a donné aux sports féminins un essor qui atteint son apogée dans les années 1920. La société canadienne assiste alors à une effervescence des pratiques sportives féminines qui conteste l'hégémonie masculine dans ce domaine. Le modèle sportif doit alors s'adapter afin d'intégrer les femmes », écrit l'historienne Élise Detellier dans sa thèse *« They always remain girls » : la re/production des rapports de genre dans les sports féminins au Québec, 1919-1961.*

La pratique sportive féminine demeure tout de même marginale à cette époque et suscite des angoisses sociales, note l'historienne. « L'Église craint que la pratique du sport, encouragée pour viriliser l'identité masculine, donne le même résultat sur le corps et les comportements féminins, brouillant ainsi les différences sexuelles. »

Les femmes, dont le rôle est « d'assurer la robustesse des citoyens futurs », sont tout de même incitées par les médecins et les clercs à pratiquer des sports. Sous restrictions cependant. « Bien que disposés à accepter la participation des femmes au domaine sportif, les médecins la circonscrivent sous prétexte que la corporalité féminine serait trop fragile et délicate pour supporter les exigences physiques que requiert un entraînement régulier et intense », écrit Élise Detellier. On craint que le sport soit nocif et empêche la reproduction s'il est pratiqué trop intensivement par les femmes.

La course à pied, jugée violente, n'est donc pas conseillée. En 1926, la Palestre nationale, à Montréal, offre la possibilité de pratiquer 25 sports, mais seulement 5 sont accessibles aux femmes : gymnastique, natation, quilles, tennis et raquette. Pas de course à pied. « L'athlétisme attire quelques membres du YWCA, dont l'entraînement commence en 1927, écrit Élise Detellier. Le YWCA n'offre toutefois pas la possibilité de s'entraîner à la course, car le gymnase ne possède pas les installations nécessaires. De toute façon, le Health Education Department (HED) estime que cette discipline est physiquement trop exigeante pour permettre à des femmes de prendre part à de telles compétitions sans suivre un entraînement supervisé par une spécialiste, si bien que le YWCA refuse de chapeauter les membres qui voudraient tout de même courir. » Dans *Le Petit Journal* (1928), on écrit que la course à pied, comme le football et la compétition de cyclisme, sont des « sports où toute grâce est absente [et] qui réclament des jeunes filles, des jeunes femmes, une fatigue que leur organisme ne peut supporter ».

Kathrine Switzer, *persona non grata*

En 1967, Kathrine Switzer a été la première femme à s'inscrire et à compléter officiellement le marathon de Boston, non sans créer de remous. C'était cinq ans avant que les femmes n'y soient admises. L'Américaine s'était inscrite sous le nom de K. V. Switzer, et les organisateurs ne soupçonnaient pas qu'il s'agissait d'une femme. Après 5 km, un officiel furieux a tenté de l'exclure de la course et s'est même rué sur elle. On a tenté de la bousculer à quelques reprises. Son copain de l'époque et son entraîneur ont agi comme gardes du corps. L'Américaine a fait les manchettes, mais c'est Bobbi Gibb – une femme qui courait en « bandit », sans dossard – qui a été la première coureuse à franchir l'arrivée incognito, une heure avant Switzer. Elle avait d'ailleurs participé au marathon l'année précédente, toujours en bandit. Depuis, Switzer a couru 35 marathons – dont une victoire à New York en 1974 – et passé sa vie à promouvoir l'avancement des femmes dans le sport.

Les coureuses sont donc peu nombreuses à l'époque et elles sont souvent cantonnées dans les courtes distances comme le 100 m. La Torontoise Myrtle Cook est la plus connue. Elle a participé aux Jeux olympiques d'Amsterdam en 1928, alors que les épreuves féminines d'athlétisme faisaient leur entrée dans le mouvement olympique. La Canadienne faisait partie de l'équipe qui y a remporté le titre olympique au relais 4 fois 100 m. Un an plus tard, elle fracassait le record mondial du 100 m, à Halifax, avec un chrono de 12 secondes. Elle a fondé, en 1923, le premier club athlétique canadien réservé aux femmes : le Toronto Ladies Athletic Club. Elle a aussi dirigé le Canadian Ladies Athletic Club de Toronto et créé une branche montréalaise. Pendant des décennies, elle a tenu une chronique hebdomadaire consacrée au sport féminin dans le *Montreal Daily Star*.

Recrutée et entraînée par Myrtle Cook, la Montréalaise Hilda Strike, joueuse de softball, s'est aussi illustrée sur la scène internationale. Elle a gagné la médaille d'argent du 100 m aux Jeux olympiques de 1932, à Los Angeles. Dans les années 1930, Strike a fondé, à Montréal, la Continental Girl Athletic Team.

Une course pour le droit des femmes

Encore aujourd'hui, plusieurs pays interdisent aux femmes toute participation à une course, aussi anodine soit-elle. Au Pakistan, si les femmes sont désormais libres de courir, les courses mixtes se déroulent sous haute surveillance. Une première petite course mixte a été organisée en décembre 2004. Les islamistes radicaux, jugeant la chose obscène, n'ont pas tardé à réagir. En avril 2005, plus de 900 militants armés ont envahi un stade où devait avoir lieu une course mixte et ont agressé les hommes et les femmes présents. Dénonçant cette sauvagerie, les féministes, menées par l'avocate spécialiste des droits de l'homme Asma Jahangir, ont manifesté devant le Parlement et organisé une nouvelle course sans tarder. Le président Mussaraf a déclaré l'événement illégal et a fait emprisonner ceux et celles qui avaient bravé l'interdiction, avant de finalement reculer. Le minimarathon eut donc lieu. En janvier 2006, quelque 15 000 hommes, femmes et enfants étaient sur la ligne de départ du « marathon » de Lahore, au Pakistan. L'événement est depuis lors très couru.

Source : Nations unies, *Journal des alternatives*.

Au tournant de cette décennie, on commence à voir des courses de fond féminines, des épreuves de 5 milles et de 10 milles. Plusieurs participantes sont des athlètes professionnelles qui courent sous la gouverne de gérants et de promoteurs. En mai 1932, une vingtaine de femmes participent à une course organisée « pour le sexe faible » au parc Lafontaine, à Montréal, attirant près de 50 000 spectateurs, selon les archives du *Petit Journal*. Jeanne d'Arcy remporte l'épreuve de 5 milles (catégorie amateur) avec un chrono de 33 min 30 s. Des femmes participent plus rarement à des courses mixtes (chaque coureuse est jumelée à un coureur), comme le 15 milles organisé le 15 juillet 1932, à Saint-Henri, par le célèbre marathonien Édouard Fabre.

La pratique de sports « exigeants » par les femmes ne fait toutefois pas l'unanimité. En octobre 1934, *Le Petit Journal* titre en page 33 : « Certains sports constituent un suicide pour la femme ». On peut lire : « Avez-vous vu [...] ces poitrines qui se soulèvent douloureusement après un 400 verges, ces combats qui laissent des lésions inguérissables dans la course au ballon ? Que de jeunes filles se sont à jamais épuisées dans le feu d'une action qui n'a du sport que le nom ! Et cette dégradation physique mène souvent au sanatorium ou à la mort. » Rien de moins !

Les mentalités sont longues à changer. Dans les années 1970, les femmes font encore figure d'exception dans les courses populaires. Le plus souvent, il leur est d'ailleurs inter-

dit de participer. Selon l'état des recherches actuelles, la Classique du parc Lafontaine à Montréal a accueilli ses premières coureuses en 1973 à l'épreuve de 12 milles : 3 femmes sur 64 finissants. En 1976, 3 femmes sur 127 coureurs ont pris le départ d'une course de 15 km à Saint-Damien. En 1980, la Classique d'athlétisme de Lanaudière (20 km) comptait 18 femmes sur un total de 430 participants.

À l'époque, seule une poignée de coureuses s'aventurent dans les marathons. Mais quelles coureuses ! Dans les années 1980, les Québécoises brillent sur la scène internationale comme jamais elles ne l'ont fait avant ni depuis. Carole Rouillard, Lizanne Bussières, Hélène Rochefort, Odette Lapierre et Jacqueline Gareau comptent alors parmi les meilleures coureuses au monde. Au marathon de Boston, en 1987, trois Québécoises figurent dans le top 10 ! C'est l'heure de gloire du marathon féminin au Québec (en matière de résultats, s'entend). Après ? Le désert.

Ces stars qui courent

À Hollywood, on ne court pas que les lancements et les premières. Plusieurs stars sont adeptes de la course à pied. Des noms ? Jessica Alba, Jennifer Aniston, Claudia Schiffer, Renee Zellweger, Eva Longoria... La chanteuse Alanis Morissette est une marathonienne accomplie. Même la célébrissime animatrice et productrice Oprah Winfrey a couru un marathon en 1994 pour son quarantième anniversaire !

JACQUELINE GAREAU, LA GRANDE

Jacqueline Gareau, 59 ans, a la course dans le sang. « Un don », dit-elle tout bonnement. Elle est à ce jour la plus grande coureuse sur route au pays. Intronisée au Temple de la renommée des coureurs sur route du Canada en 1991, elle a aussi été nommée marathonienne du XXe siècle au Canada. L'athlète, native de L'Annonciation, dans les Laurentides, est aussi membre du Temple de la renommée des sports du Québec depuis 1995.

Parmi ses nombreux faits d'armes, on se souvient d'abord de sa victoire au marathon de Boston en 1980. La Québécoise a été sacrée championne une semaine après l'événement. Rosie Ruiz, qui avait franchi le fil d'arrivée la première, a été disqualifiée après coup. On a rapidement réalisé que cette dernière avait triché : elle n'aurait couru que les deux derniers kilomètres du parcours, faisant le reste en... métro ! « Je regrette de n'avoir pu savourer cette victoire pleinement, mais ça a été une belle course », se rappelle aujourd'hui Jacqueline Gareau. À ce jour, elle est l'unique Canadienne à avoir gagné le plus convoité des marathons.

La coureuse québécoise a aussi été du premier marathon olympique féminin en 1984, à Los Angeles. Blessée, elle a dû abandonner en milieu de parcours. « J'aurais préféré que mon expérience olympique se termine bien, mais, d'être là, c'était extraordinaire. Comme une victoire que l'on partageait entre femmes. C'était un moment spécial. » L'Américaine Joan Benoit a remporté cette course historique, 17 jours après une chirurgie arthroscopique au genou.

Jacqueline Gareau a commencé à courir à l'âge de 21 ans. « Je voulais cesser de fumer. J'étais inhalothérapeute et j'avais conscience des dommages occasionnés par la cigarette. » La première fois, elle a couru 20 minutes au parc Lafontaine. « J'en étais fatiguée, mais j'avais tenu le coup sans m'arrêter. De fil en aiguille, j'ai progressé. Rapidement, je courais tous les jours. Je montais jusqu'à la croix du mont Royal, j'aimais ça. Je commençais à sentir les bienfaits euphoriques de la course. »

Elle courait beaucoup, vite et bien. Son plaisir ? « Courir pendant trois heures et terminer la course chez un copain, manger des quartiers d'orange et jaser de tout et de rien », raconte-t-elle. Jamais alors elle n'avait pensé participer à un marathon.

« J'étais un peu naïve, je ne voyais pas trop pourquoi je serais allée dans une course. »

Puis, sur les conseils d'un ami, elle a participé au marathon de l'île d'Orléans, en 1977, sans autre but que de s'initier. Son chrono : 3 h 44 min. « On m'avait dit de courir lentement, il faisait une grande chaleur. Le lendemain, je n'avais aucune douleur, aucune raideur. L'endurance était là. » Elle y est retournée l'année suivante et a gagné en 2 h 59. Elle a reçu une belle couverture tissée qu'elle garde précieusement et une sculpture en bois qu'elle expose dans son hall d'entrée, où elle reçoit ses clients. Elle est massothérapeute.

Un an plus tard, elle a remporté les marathons d'Ottawa et de Montréal et terminé troisième à celui de New York. Une athlète de calibre international était née. Pendant les années 1980, elle a multiplié les podiums sur le circuit mondial. Les blessures et les opérations aussi. « J'en demandais trop à mon corps. » Elle garde de bons souvenirs de chacune de ses courses, même lorsque les performances étaient en deçà de ses attentes.

Elle se rappelle avec émotion sa victoire au marathon de Los Angeles en 1984, quelques mois avant les Jeux olympiques. « Avant de partir, j'avais le goût de danser tellement j'étais bien. Je n'avais pas le trac, j'étais prête et je me sentais forte. J'ai maîtrisé la course, j'ai accéléré à la fin et j'ai dépassé la favorite. J'ai fini avec force et fierté, avec le sentiment du travail bien accompli. C'était l'extase. »

À l'aube de la soixantaine, Jacqueline Gareau n'a pas fini de courir. « C'est encore une passion pour moi. Je ne cours plus de marathons. C'est trop dur pour le corps. Aujourd'hui, je préfère participer à des petits triathlons et à des courses amusantes. J'aime beaucoup courir en forêt, c'est tellement beau et doux. » Elle participe à la course en montée du mont Sainte-Anne et à celle du mont Washington. « Les derniers 100 m sont si abrupts que tu finis avec une satisfaction extraordinaire. »

Sur la ligne de départ, elle a toujours des papillons dans l'estomac. « J'ai encore la manie de saboter mes courses parce que je m'entraîne un peu plus qu'il ne le faudrait. La semaine avant, je suis fatiguée et je deviens nerveuse, mais une fois que je suis lancée, je suis si heureuse. » Courir était tout simplement sa destinée, dit-elle.

UN CŒUR EN CADEAU

Annie Girard, 37 ans, Saint-Romuald

Une cicatrice verticale se faufile dans le décolleté de son maillot de course bleu. Annie ne cherche pas à la cacher, au contraire. Cette marque lui rappelle à tout moment la chance qu'elle a de courir, d'être en vie. Souffrant d'une malformation cardiaque rare, Annie a dû subir une greffe du cœur. Elle avait 34 ans. C'était ça ou la mort à très court terme.

Quand elle sort de chez elle, souliers de course aux pieds, elle jogge parfois vers le fleuve. C'est plus loin qu'il n'y paraît. Elle tourne à droite sur la rue de l'Église et met le cap sur le clocher, tout en bas de la côte, au cœur du vieux Saint-Romuald. Chemin faisant, elle passe devant une rangée de maisons de bois colorées. Des bleues et des jaunes. Des rouges et des vertes. Toutes vieilles d'au moins une centaine d'années.

La beauté du fleuve se révèle au rythme de ses foulées. Elle voit peu à peu apparaître les rochers humides laissés à découvert par la marée basse. Des troncs d'arbres érodés par l'eau salée jonchent le sol ici et là. Des herbes ondoient sous le vent. À l'horizon, des dizaines de planches à voile effectuent un ballet improvisé. Le paysage est féerique, elle ne s'en lasse pas. Mais la pente à grimper lors du retour à la maison est abrupte. Il y a cinq ans, cette côte était pour elle infranchissable, comme bien d'autres obstacles. Plus maintenant.

Quelques années à vivre

À son grand malheur, Annie n'a jamais été très sportive dans sa jeunesse. « J'ai essayé un paquet de sports. J'étais plus essoufflée que les autres, j'étais toujours bonne dernière. Je pensais que je n'étais pas habile. » Longtemps, elle a fait de la musculation. Courir, elle n'a jamais pu. « Dès que je faisais des activités qui demandaient plus de souffle, je perdais connaissance. » Ça lui est même arrivé, sans raison, lorsqu'elle était à son pupitre à l'école. À l'époque, les médecins ont conclu que c'était le stress.

À 18 ans, un examen médical de routine s'est révélé particulièrement instructif. Son médecin, qui soupçonnait un souffle au cœur, l'a envoyé passer des examens plus poussés. Le diagnostic ? Une cardiomyopathie hypertrophique. Il s'agit d'une malformation congénitale du muscle cardiaque. C'est héréditaire dans son cas. La maladie provoque un gonflement anormal de la paroi (septum) entre les cavités inférieures du cœur et rend le pompage du sang difficile. Annie a dû cesser l'entraînement et prendre une médication pour abaisser sa pression artérielle.

Au bout de cinq ans, le cœur d'Annie a tout de même commencé à faire des siennes. Sa respiration était sifflante, elle traînait une toux persistante. « J'étais essoufflée au moindre effort, même lorsque je me brossais les dents ou que je me retournais dans mon lit. Je n'étais plus du tout fonctionnelle. » Après plusieurs séjours à l'hôpital, elle a donc subi une première intervention à cœur ouvert. Elle avait 24 ans. L'opération était délicate, jamais encore réalisée au Québec. Spécialiste des chirurgies cardiaques en néonatalogie, le chirurgien Paul Cartier a retiré 8 g de son septum. Ses parents étaient terrifiés. Pas elle. « J'avais juste hâte d'aller mieux. »

Pendant 10 ans, elle a pu vivre normalement. Elle a même repris l'entraînement. Mais son état déclinait tranquillement, sournoisement. « Je pensais que c'était l'effet normal du vieillissement, de la trentaine », dit-elle en riant. En septembre 2007, son cardiologue lui annonce, à sa grande surprise, qu'elle a besoin d'une greffe du cœur. « Ça a été comme une claque en pleine face. Je ne me sentais pas malade ni mourante. »

Elle s'éteignait pourtant à petit feu sans le savoir. Elle avait la moitié de la capacité cardiovasculaire d'une personne de son âge. Un cœur vieux dans un corps jeune. « Selon les résultats des tests médicaux, j'aurais dû être alitée. Les médecins ne comprenaient pas comment j'arrivais à travailler. » Sans nouveau cœur, elle avait une chance sur deux de mourir dans les trois années suivantes.

Flirter avec la mort

Annie a attendu son précieux cadeau les émotions à fleur de peau, un téléavertisseur en permanence à ses côtés. « Je m'obstinais à croire que je n'avais pas besoin de greffe. » Puis, le déni a fait place à la colère. « Un cœur amoché ? Je ne méritais pas ça. J'étais fâchée. Je ne comprenais pas pourquoi ça m'arrivait à moi. J'ai toujours fait attention à ma santé. J'ai mangé du tofu avant tout le monde. Je me suis entraînée. Je n'ai jamais fumé. » Cependant, elle a fini par comprendre que, sans ces bonnes habitudes, son état se serait probablement détérioré beaucoup plus rapidement.

L'attente, de courte durée, n'a pas été de tout repos. Annie a flirté avec la mort à quelques reprises. Son cœur s'emballait soudainement, sans raison. Ses pulsations pouvaient alors atteindre 175 battements par minute. Comme si sa poitrine était sur le point d'exploser. Elle se rendait à l'hôpital, où on lui donnait des chocs pour stabiliser son muscle cardiaque. Un jour, son cœur en a eu assez et il s'est arrêté. Complètement. Annie était à l'urgence, on a pu la sauver. « J'étais frigorifiée et incapable de me réchauffer. C'est une sensation très désagréable, je m'en souviendrai toute ma vie. »

Pour mieux accepter le difficile processus lié à la greffe (l'attente, les tests, l'opération, la convalescence), Annie s'est mise en tête de courir. Après l'opération, bien sûr. « J'entendais bien profiter de mon nouveau cœur. La course m'avait toujours intriguée. J'avais un but, un rêve. C'est ce qui m'a aidée à être positive. »

Deux mois plus tard, le téléphone a sonné. Il était 7 h 30. En arrêt de travail, Annie était encore au lit. Elle a regardé l'afficheur : un numéro inconnu. Elle s'est blottie dans ses couvertures et a laissé sonner. Elle ne se doutait pas que, au bout du fil, un cœur tout neuf l'attendait. Une minute plus tard, sonnerie à nouveau. Elle a décroché. « J'ai vécu les moments suivants dans un drôle d'état, comme si ça arrivait à quelqu'un d'autre. » Elle a appelé son conjoint au travail, a pris le temps de se doucher, a averti ses proches et s'est rendue à l'hôpital. Entourée de sa famille, elle a jasé et blagué jusqu'à 21 h 30. « Comme c'était très long, j'étais certaine que je rentrerais bredouille, qu'il y aurait une incompatibilité quelconque. »

Quand l'équipe médicale est venue la chercher dans sa chambre, elle a pleuré à chaudes larmes. Elle ne voulait plus. « Je savais que ce serait souffrant. Je n'avais pas peur de mourir, mais je ne voulais pas y rester, j'avais tellement de projets à réaliser. » L'intervention a duré six heures. La première chose qu'elle a ressentie à son réveil ? Les battements de son cœur. Ils étaient différents et rapides. Elle avait aussi l'impression que son nouveau cœur était plus gros. Elle avait raison.

À son retour à la maison, après trois semaines à l'hôpital, la première chose qu'elle souhaitait, c'était de prendre un bain. Plus facile à dire qu'à faire. « J'ai été incapable d'en sortir, j'étais trop faible. » De fortes doses de cortisone avaient fait fondre sa masse musculaire. « On nous avertit que ce sera pénible, mais on ne s'attend pas à ça. » Enflée de partout, elle n'entrait plus dans ses vêtements. Fragilisée, elle ne pouvait sortir et se sentait isolée. Elle devait prendre des médicaments matin, midi et soir, se peser régulièrement, prendre sa pression artérielle, s'injecter de l'insuline, se rendre à l'hôpital tous les deux jours. « Je ne voyais aucun avantage à la greffe. Je me sentais plus moche qu'avant. » Elle en a même fait une dépression.

Sortir de prison

Trois mois après l'intervention, elle a eu le feu vert pour reprendre l'entraînement. « J'ai eu le sentiment de reprendre le contrôle de ma vie. » Elle devait suivre un programme précis, progressif, mais la course était plus que jamais dans ses plans. Elle a commencé par marcher sur le tapis roulant. Au bout de quelques semaines, elle a ajouté la course. « La première minute, je m'en souviens comme si c'était hier. C'était extraordinaire. J'ai eu l'impression que je n'avais plus aucune limite. »

Un an après la greffe, en 2008, elle participait à une épreuve de 5 km, la Descente royale, à Québec, en compagnie d'infirmières de la clinique de transplant. « Sur la ligne de départ, j'étais nerveuse, mais si contente. Je n'arrivais pas à le croire », raconte-t-elle. Encore aujourd'hui, elle pleure en évoquant ce moment. L'émotion est très forte. Annie a terminé parmi les dernières, elle en a marché des bouts, mais elle l'a fait. C'est tout ce qui comptait.

En août de la même année, elle a couru 10 km au marathon des Deux Rives pour amasser des fonds pour l'Institut universitaire de cardiologie et de pneumologie de Québec, une habitude qu'elle reprend chaque année. Jusqu'à maintenant, elle a amassé plus de 60 000 dollars. « Je cours pour moi, mais aussi pour les autres », souligne-t-elle. Elle en profite pour sensibiliser les gens au don d'organes et combattre les préjugés envers les greffés. « Certains nous voient à tort comme des personnes faibles et malades. »

Courir lui procure un sentiment de liberté insoupçonné. « J'ai été prisonnière de mon corps tellement longtemps. Quand le cœur va mal, tout va de travers. Aujourd'hui, je cours et j'en suis encore émerveillée. Lorsque je suis fatiguée et moins motivée, j'y vais quand même. C'est ma façon de remercier l'homme qui m'a offert son cœur. J'y pense tous les jours. »

Encore aujourd'hui, Annie court lentement, jamais plus de 30 minutes d'affilée. Son corps n'en peut pas plus. « La course est une passion. Je suis dans ma bulle, je mets mes soucis de côté. Mais est-ce fait pour moi ? J'ai l'impression que la machine ne suit pas. » On lui a dit d'être patiente, son corps n'est pas habitué aux exercices cardiovasculaires. « Je suis têtue. Même si ce n'est pas facile, je n'arrêterai jamais de courir. »

L'espérance de vie actuelle des greffés tourne autour de 25 ans. Ça ne l'inquiète pas. Elle est jeune, en santé et les statistiques ont bien le temps de changer. Forte d'une nouvelle énergie, elle voyage (elle s'est mariée à Las Vegas), elle s'entraîne cinq fois par semaine en musculation et prévoit participer à une épreuve de course à pied aux Jeux internationaux des greffés en 2013, à Durban, en Afrique du Sud. Sa mère, inquiète, lui demande parfois de modérer ses ardeurs. « J'ai enfin le contrôle de mon corps. Si jamais mon cœur en vient à flancher, j'en aurai pleinement profité ! »

1

Courir pour sa santé

Nous avons chacune nos raisons de courir. Nous courons pour garder la forme, pour contrôler notre poids, pour notre bien-être psychologique, pour performer ou tout simplement pour le plaisir pur. Lorsqu'on court, on se sent mieux, on se sent bien. C'est inévitable. Courir est bon pour la santé, nous le savons. Mais savons-nous pourquoi, comment et à quel point c'est bon pour nous ? Plusieurs scientifiques se sont penchés sur la question et continuent de le faire. Les études pullulent. Voici donc 10 excellentes raisons de courir, pour la santé de notre corps et de notre tête. Preuves à l'appui.

DIX BONNES RAISONS DE COURIR

1 Adieu stress !

Près du quart (24 %) des Québécois de 15 ans et plus disent vivre un stress élevé dans leur vie de tous les jours, selon des données de l'Institut de la statistique du Québec publiées en 2010. Chez les femmes qui travaillent et ont des enfants de moins de 12 ans, ce chiffre grimpe à 55,5 % ! Bonne nouvelle : quand on s'estime en bonne condition physique, le stress est beaucoup moins lourd.

Codirecteur du Centre d'études sur le stress humain de l'hôpital Louis-H. Lafontaine, Pierrich Plusquellec explique. « Le stress est avant tout une réaction adaptative. C'est ce qui nous a permis de survivre au cours de millions d'années. Lorsque nous chassions le mammouth, nous avions une réponse utile de stress. Le cerveau détectait une menace. Il envoyait un signal aux glandes surrénales qui libéraient de l'adrénaline et du cortisol pour mobiliser de l'énergie afin de combattre ou de fuir, nos deux seules options possibles. Aujourd'hui, lorsqu'on a une réponse de stress, on réagit de la même façon : en mobilisant de l'énergie... qu'on accumule. » Et lorsqu'il est excessif, le stress devient nocif.

Le meilleur moyen de l'éliminer ? Bouger ! « Courir sert à dépenser cette énergie accumulée. Plus on dépense d'énergie, plus l'énergie accumulée par le stress de notre journée baisse. C'est la dépense totale qui compte », précise Pierrich Plusquellec. C'est aussi l'occasion idéale, selon cet expert, pour désamorcer les situations de stress. Le cerveau, au repos, trouve plus facilement des solutions pour réduire les éléments stressants ou les éliminer.

Quelle est la dose de course recommandée pour chasser le stress ? « Cela dépend de la quantité de stress vécu dans la journée. Si on est très peu stressé, 10 minutes peuvent suffire. Si on est comptable lors de la période des impôts et si nous avons tous les clients sur le dos, il nous faudra probablement 45 minutes de course, peut-être plus ! »

Plus on court souvent, plus l'effet est bénéfique. Le moment de la journée importe peu. « L'énergie mobilisée par le stress s'accumule jour après jour. On devient à fleur de peau et, petit à petit, le corps finit par se dérégler et cela peut mener à des maladies chroniques. Moins le corps a de tensions, moins il ira dans cette zone dangereuse. »

Un cœur solide

Les maladies du cœur tuent sept fois plus de femmes que le cancer du sein. C'est même la principale cause de décès chez les Canadiennes. En 2008, plus de femmes que d'hommes en sont décédées au pays.

« Les femmes commencent à réaliser qu'elles ont bien plus de risques de mourir d'un infarctus que du cancer », affirme le cardiologue Martin Juneau, directeur de la prévention à l'Institut de cardiologie de Montréal. C'est d'autant plus vrai que, dès la ménopause, les effets protecteurs de l'œstrogène fondent au rythme des bouffées de chaleur. À 65 ans, les risques de maladies cardiaques sont égaux pour les hommes et les femmes.

Courez ! « La course à pied, lorsqu'elle est pratiquée 30 minutes cinq fois par semaine, diminue les risques de faire un infarctus d'environ 40 % », indique le docteur Juneau. Un jogging léger suffit. Plus, c'est encore mieux. Selon une étude réalisée par la Harvard Medical School, le risque est réduit de 54 % chez les femmes de 40 ans ou plus très actives.

La course, comme les autres activités physiques aérobies vigoureuses, frappe là où ça fait mal : combinée à un meilleur contrôle du poids, elle contribue à prévenir le diabète en réduisant les risques d'environ 60 %. Même chose pour l'hypertension artérielle. « On note une baisse de la pression artérielle après seulement quelques semaines d'entraînement à intensité moyenne, ce qui équivaut à l'effet d'une médication », indique le docteur Juneau. Même chez les cardiaques, courir est salutaire. « La course réduit la prévalence des arythmies et diminue la sensibilité du cœur à l'adrénaline et aux autres hormones du stress. Elle réduit l'inflammation et améliore la fonction de l'endothélium », dit le cardiologue. Le cœur fragilisé se refait une santé. ***Attention !*** Si l'on a un problème cardiaque, mieux vaut avoir le feu vert de son médecin avant de commencer à courir.

Un orgasme à l'entraînement

Avoir un orgasme en joggant dans le quartier? C'est possible! Plusieurs femmes ont déjà vécu cette déroutante expérience. Une première étude sur le sujet, menée à l'Université de l'Indiana, confirme l'évidence anecdotique. Les chercheurs ont interrogé 370 femmes ayant eu un orgasme ou un plaisir sexuel intense spontané au cours d'une activité physique. Jusqu'à 40 % d'entre elles ont connu au moins 10 épisodes du genre. Quelles activités sont particulièrement orgasmiques? Les exercices abdominaux, ont répondu la moitié des femmes interrogées (51,4 %). Le yoga (20 %), le vélo (15,8 %) et même la course à pied (13,2 %) sont aussi susceptibles d'offrir un plaisir sexuel inattendu. À vos souliers!

Source : *LiveScience*, 19 mars 2012.

3 Des neurones allumés

Un esprit vif dans un corps vif ? Tout à fait ! La littérature est claire : l'activité de type aérobie, comme la course à pied, améliore les fonctions cognitives dans l'immédiat, mais aussi à long terme. L'effet cumulatif est particulièrement important.

Selon une étude américaine publiée en mai 2012 dans *Neuroscience*, de jeunes adultes de 18 à 36 ans ont vu leur mémoire et leur humeur améliorées de façon significative après avoir suivi un programme d'entraînement de 1 mois, à raison de 4 séances hebdomadaires de 30 min. L'effet était encore plus marqué s'ils s'étaient entraînés immédiatement avant d'exécuter des tâches liées à la mémoire.

On note une amélioration (probablement éphémère) des fonctions cognitives après une seule séance de tapis roulant. Des chercheurs de l'Université de l'Illinois ont demandé à des étudiants de 18 à 24 ans d'exécuter des tâches mentales : une première fois après une période de repos et une seconde fois après une séance de jogging sur tapis roulant. Sans surprise, les sujets ont obtenu de meilleurs résultats après l'effort, leur capacité décisionnelle s'étant particulièrement améliorée. D'autres chercheurs sont arrivés à des résultats similaires.

Une étude américaine parue en 2010 dans *Proceedings of the National Academy of Sciences* révèle que les changements au cerveau sont visibles. Le volume de l'hippocampe antérieur (associé à la mémoire) a augmenté de 2 % chez des adultes de 55 à 80 ans soumis à un entraînement de 6 mois. Chez les sédentaires, il y a plutôt eu atrophie liée au phénomène normal du vieillissement.

La dose idéale ? « Il faut une intensité et un volume assez élevés pour amener un changement sur le système cardiovasculaire. Plus l'activité est intense, meilleurs seront les résultats », indique Louis Bherer, titulaire de la Chaire de recherche du Canada sur le vieillissement et la prévention du déclin cognitif et directeur scientifique du centre PERFORM de l'Université Concordia. On sait désormais que le déclin cognitif est associé aux facteurs de risques de maladies cardiaques, tels que le diabète et l'hypertension artérielle.

Ceci dit, on comprend encore mal comment l'activité physique agit sur le cerveau. Sa réponse à l'exercice est complexe. Des pistes d'explication ? Chez l'animal, la course à pied stimule la régénérescence des cellules cérébrales (neurogénèse), améliore la vascularisation du cerveau et augmente le niveau de neurotransmetteurs et de protéines jouant le rôle de facteurs de croissance du cerveau (BDNF). Selon des travaux menés en laboratoire à l'Université du Maryland, la course à pied accroît de 200 % la formation de neurones dans l'hippocampe, siège de l'apprentissage, de la mémoire et de l'humeur. Fait intéressant, selon des chercheurs de l'Université de Californie, dans le cerveau de la souris, les mêmes ondes (gamma) sont sollicitées pendant la course et lors de l'apprentissage !

L'effet cumulatif de l'exercice sur le cerveau semble plus important que l'effet immédiat. « Une personne âgée qui a été très active physiquement toute sa vie a tendance à montrer moins de déclin cognitif qu'une personne sédentaire », confirme Louis Bherer. Quoi qu'il en soit, il n'est jamais trop tard pour commencer. Dans une étude publiée en septembre 2012 dans le *Journals of Gerontology*, des chercheurs de l'Institut universitaire de gériatrie de Montréal ont montré que chez les aînés, même les plus fragiles, l'entraînement physique a un impact significatif sur les facultés cognitives, et ce, après seulement trois mois d'entraînement à trois fois par semaine. « On a remarqué une amélioration de l'attention, de la mémoire de travail, de la capacité de prendre des décisions et de réagir à des situations nouvelles. On a aussi amélioré leur qualité de vie », indique le chercheur Louis Bherer, responsable de l'étude.

On court avant une importante présentation devant le patron ? Tout est dans la dose. « L'esprit est vivifié par l'effort, mais lorsque celui-ci est trop intense et cause de la fatigue, il peut créer l'effet inverse », souligne le chercheur.

Des jambes magiques

Paralysée de la poitrine au bout des orteils après une chute à cheval, Claire Lomas, 32 ans, est devenue la première femme à faire un marathon à l'aide d'une combinaison bionique. Grâce à des capteurs de mouvements, cet exosquelette motorisé de conception israélienne (nommé ReWalk) mime les mouvements qu'effectueraient des articulations normales. Son coût ? Environ 65 000 $! « Je suis sur la lune ! », a déclaré en pleurs la joaillière britannique, au terme des 42,2 km parcourus en deux semaines. Chaque jour, sa mère, son mari et sa fille de 13 mois l'ont encouragée. Plus d'une centaine de personnes l'ont applaudie à son arrivée. Quelques mois plus tard, elle a allumé la flamme à l'occasion de l'ouverture des Jeux paralympiques de Londres.

Source : *The Telegraph, 8 mai 2012.*

4 Des os résistants

Les os aiment travailler fort. Alors, sollicitez-les ! « Une des meilleures façons pour les femmes de prévenir l'ostéoporose, c'est de faire de l'activité physique avec des sauts ou des impacts, et ce, principalement en bas âge », indique Blaise Dubois, physiothérapeute spécialisé en course à pied. Les os qui subissent un stress mécanique deviennent plus denses et plus résistants.

Les sports préférés de votre squelette ? La course, le tennis, le volley-ball, la danse et la musculation. La corde à danser ? Pourquoi pas ! Toutefois, le cyclisme et la natation, sports dans lesquels le corps est supporté à l'effort, n'induisent pas de stimulations mécaniques suffisantes pour créer un impact important sur les os. La clé ? On mise sur des sports qui imposent une charge supplémentaire aux os, et ce, de façon répétée.

Mieux vaut courir plus tôt que tard ! Les femmes construisent l'essentiel de leur capital osseux avant l'âge de 25 ans (35 ans chez les hommes). Dès la trentaine, toute personne perd de 0,75 à 1 % de sa masse osseuse par année. Si l'on a bougé avant et pendant la puberté, on part avec un capital osseux optimal et une architecture interne des os bonifiée.

À l'âge adulte, il est trop tard pour construire sa masse osseuse, mais on peut ralentir les pertes en bougeant. Le calcium à lui seul ne suffit pas. Après quelques mois d'une pratique régulière d'exercices physiques avec mise en charge, la densité minérale des os augmente de 1 à 4 %, tandis que la résistance à un choc augmente 10 fois plus, soit de 10 à 40 %, selon l'avis du Comité scientifique de Kino-Québec dans *Activité physique et santé osseuse*.

5 Un sommeil de bébé

Avez-vous bien dormi ? Nuits écourtées par le nouveau-né, boulot stressant, rythme de vie effréné, sueurs nocturnes à la ménopause : les femmes ont une relation trouble avec Morphée. Selon des données de Statistique Canada, une femme sur trois (35 %) éprouve des difficultés à s'endormir ou à rester endormie. C'est aussi le cas d'un homme sur quatre. Plus on avance en âge et plus le sommeil est fragile.

Les femmes qui pratiquent régulièrement des activités physiques se plaignent moins de troubles de sommeil que les femmes sédentaires. « Des études montrent que l'activité physique fait partie d'une bonne hygiène de vie favorable au sommeil », indique la docteure Diane B. Boivin, directrice du Centre d'étude et de traitement des rythmes circadiens de l'Institut de santé mentale Douglas. « On sait que les gens qui sont très actifs ont un sommeil plus efficace. Ils ont aussi tendance à avoir un sommeil lent profond plus long. » Ce stade du sommeil est le plus réparateur.

La durée du sommeil lent profond est supérieure de 18 % chez les grands coureurs (70 km/semaine) que chez les sédentaires, selon des chercheurs australiens. Ils avancent que le sommeil est amélioré seulement lorsqu'on pratique des activités physiques aérobies.

Chez les personnes souffrant d'insomnie (les femmes en souffrent deux fois plus que les hommes), l'effet de l'activité physique semble aussi marqué. Selon une étude parue dans *Sleep Medicine* en 2010, des personnes souffrant d'insomnie chronique dormaient 1,25 heure de plus après un entraînement de 16 semaines. Selon une étude brésilienne parue en 2010 dans le *Journal of Clinical Sleep Medicine,* des insomniaques qui pratiquaient une activité physique aérobie d'intensité moyenne s'endormaient 55 % plus rapidement que les autres et dormaient 37 % plus longtemps. Ils avaient aussi l'impression d'être moins anxieux et plus énergiques. L'exercice est dorénavant conseillé aux gens souffrant d'apnée du sommeil ou du syndrome des jambes sans repos.

Bouger réduit le stress, ce qui favorise un sentiment de détente. Selon des chercheurs de l'hôpital Mount Sinai, de Toronto (2005), la pratique d'activités physiques augmente la production de mélatonine, une hormone associée au sommeil, surtout lorsque l'exercice est effectué en fin de journée. Cela dit, on en sait encore bien peu sur les liens entre sommeil et activité physique.

6 Prévenir le cancer du sein

Une femme sur neuf aura un cancer du sein au cours de sa vie. Une femme sur 29 en mourra. En 2012, on estime que 5 500 Québécoises ont reçu un diagnostic et que 1 350 en sont décédées. De nombreuses études font ressortir une association entre la pratique d'activités physiques et un risque plus bas de cancer du sein. On parle d'une réduction de 20 à 30 %, selon les recherches.

Une analyse publiée en 2012 par le National Cancer Institute, aux États-Unis, révèle que le risque est réduit de 30 % chez les femmes actives de 10 à 19 heures par semaine, et ce, quelle que soit l'intensité à l'effort. Les risques sont diminués, que l'exercice soit pratiqué avant ou après la ménopause. Par contre, l'effet est nul en cas d'obésité.

Le cancer du sein frappe le plus souvent après la ménopause, mais un cas sur quatre survient plus tôt. Ce risque est réduit de 23 % chez les adolescentes et les jeunes femmes de 12 à 35 ans qui sont actives, c'est-à-dire celles qui pratiquent l'équivalent de 3,25 heures de course ou de 13 heures de marche par semaine. Plus on commence jeune, plus l'effet est marqué, notent des chercheurs des universités Washington et Harvard, qui ont analysé l'état de santé de 65 000 femmes.

Les études divergent quant à l'intensité idéale pour un effet protecteur optimal. Selon une étude américaine parue dans *Breast Cancer Research* en 2008, le risque de cancer du sein est réduit de 30 % avec la pratique d'exercices d'intensité élevée, tels la course, le tennis et le cyclisme de montagne, tandis que l'effet protecteur est nul avec des exercices d'intensité légère comme le jardinage, la marche ou les tâches ménagères. D'autres études montrent des effets similaires quel que soit le niveau d'intensité adopté.

Il est important de savoir que l'exercice n'élimine pas tous les risques. Environ 50 % des cancers du sein surviendront quand même, que nous soyons actives ou pas, que nous mangions sainement ou pas. C'est affaire de biologie, d'hormones et de génétique. « Quand le cancer du sein survient, l'activité physique est aussi bénéfique », affirme Melisa Nestore, kinésiologue spécialisée en prévention du cancer du sein et en réadaptation. Les femmes en traitement sont moins fatiguées et elles récupèrent plus rapidement si elles sont actives. « Elles tolèrent mieux les effets secondaires et elles se sentent moins anxieuses et déprimées. En prime, elles gardent leurs capacités cardiovasculaire et musculaire et tendent à maintenir leurs bonnes habitudes après, contrairement aux femmes inactives qui le restent trop souvent. »

7 À bas la douleur !

« La course à pied, comme la grande majorité des exercices, peut contribuer à réduire tous les types de douleur », affirme le neurophysiologiste Serge Marchand, professeur à la Faculté de médecine de l'Université de Sherbrooke et directeur du centre de recherche clinique Étienne-Le Bel du CHUS. Notre corps contrôle et freine la douleur grâce à un cocktail de neurotransmetteurs (endorphines, sérotonine, noradrénaline et dopamine), dont la production augmente durant l'effort. « Le rôle des endorphines est particulier, puisqu'elles agissent comme une morphine endogène. Elles ont un effet analgésique marqué », explique le chercheur.

Courir peut aider à soulager la douleur associée à la migraine, la douleur lombaire et, contrairement à la croyance répandue, la douleur associée à l'arthrite rhumatoïde. « Le repos est de moins en moins recommandé. Le corps est une machine qui exige qu'on bouge. Quand on commence à s'activer, cela a un effet direct sur la douleur », indique Serge Marchand.

La douleur neuropathique, associée notamment au diabète, au zona et à la sclérose en plaques, peut même être diminuée de 30 à 50 % par la course à pied ou la natation, alors que la médication est souvent impuissante. C'est ce que révèle une étude menée sur des souris et publiée en juin 2012 dans *Anesthesia and Analgesia*. L'expression de cytokines, substances qui contribuent au processus inflammatoire, serait réduite dans les tissus nerveux.

Les femmes seraient-elles plus douillettes que les hommes ? Des chercheurs ont découvert que, contrairement à la croyance, le seuil féminin de tolérance à la douleur est inférieur à celui des hommes. Une partie de l'explication vient des hormones sexuelles. Les hormones féminines (œstrogène et progestérone) réduiraient l'efficacité des mécanismes de freinage de la douleur, tandis que la testostérone, à l'inverse, diminuerait les mécanismes facilitateurs de la douleur.

Les femmes ont tout de même un avantage au chapitre du soulagement de la douleur : elles sont plus sensibles aux opioïdes. Notons que les endorphines, sécrétées lors de la course à pied, sont considérées comme des opioïdes naturels. « Si vous comparez des athlètes, le seuil de douleur est le même chez les hommes et les femmes. Ils ont la même perception de la douleur », dit Serge Marchand. Intéressant.

8 Contre l'anxiété et la dépression

Peine d'amour, deuil, fausse couche, perte d'emploi… Plusieurs femmes courent leurs drames, petits et grands. C'est de plus en plus connu, les endorphines et autres neurotransmetteurs sécrétés durant la course créent un effet euphorisant et agissent comme antidépresseurs.

L'activité physique améliore l'humeur et réduit l'anxiété, cela a été maintes fois démontré. Elle peut aussi aider à atténuer les symptômes d'une dépression, même sévère, il y a maintenant consensus. Certains chercheurs soulignent que les sports d'endurance, comme la course à pied, sont particulièrement efficaces.

Les effets sont physiologiques et psychologiques et ne sont pas uniquement dus aux endorphines. « Beaucoup de données indiquent que courir est une bonne façon de composer avec des situations difficiles. Pourquoi ? Tout simplement parce que ça fait du bien ! Il est important de prendre plaisir à le faire », dit Bruno Ouellette, psychologue sportif. C'est probablement pour cela que l'humeur serait davantage améliorée lorsque l'on court dehors plutôt que sur tapis roulant !

Un sentiment de satisfaction et d'accomplissement, une estime personnelle améliorée, une meilleure image de soi, un sentiment d'appartenance et un réseau social de qualité lié à l'activité contribuent également à la sensation de bien-être recherchée.

Attention ! Le sport ne remplacera jamais une psychothérapie.

9 Mieux vivre le syndrome prémenstruel

Jusqu'à la moitié des femmes disent souffrir de troubles plus ou moins intenses (parfois même handicapants chez 3 à 8 % d'entre elles) dans les 7 à 10 jours précédant les menstruations. Au moins 150 manifestations sont répertoriées : seins gonflés et sensibles, crampes, prise de poids, œdème aux jambes, migraines, troubles de l'humeur (irritabilité, déprime, fatigue), fringales et troubles digestifs (nausée, vomissements, diarrhée). Plus on vieillit, plus les symptômes sont marqués. Le syndrome prémenstruel est présent lorsque plusieurs de ces manifestations sont régulières et intenses.

L'effet de l'activité physique sur le syndrome prémenstruel a été étudié pour la première fois en 1939. Il a été plusieurs fois démontré depuis que la pratique régulière de sports d'endurance, davantage que celle de sports qui requièrent de la force ou de la vitesse, favorise la réduction des symptômes prémenstruels, en particulier les troubles de l'humeur. Déjouons le cafard et laissons tomber la bouillotte !

En à peine trois mois d'entraînement aérobie, les symptômes psychologiques sont diminués, indique une étude publiée en 2008 dans le *Journal of Family and Reproductive Health*. Les symptômes physiques, tels la rétention d'eau et les seins tendus, sont réduits chez des femmes actives depuis six mois, selon une étude canadienne publiée en 1991 dans *Clinical Obstetrical and Gynecology*.

L'exercice physique bouleverse les hormones et les neurotransmetteurs associés au syndrome prémenstruel. Par exemple, la sécrétion de prolactine (associée à la tension des seins et à l'œdème) serait diminuée, tout comme celle des prostaglandines (associées aux contractions utérines). Les endorphines et la sérotonine sécrétées pendant la course réduiraient quant à elles l'irritabilité et la déprime.

À noter ! Un entraînement trop rigoureux n'aurait aucun effet positif.

10 Vivre plus longtemps

La course à pied, une fontaine de jouvence? Assurément. De plus en plus d'études confirment la bonne nouvelle.

Courir plusieurs fois par semaine prolongerait l'espérance de vie de 5,6 ans chez les femmes et de 6,2 ans chez les hommes, selon les résultats de l'étude *Copenhagen City Heart* publiée en mai 2012. Les chercheurs ont suivi 20 000 hommes et femmes de 20 à 93 ans, et ce, de 1976 à 2003. Les risques de mortalité étaient réduits de 44 % chez les coureurs pour la période étudiée. La clé ? Courir de 90 à 150 minutes par semaine, en deux ou trois séances.

De leur côté, des chercheurs de l'Université Stanford, en Californie, rapportent que les adeptes de la course à pied présentent deux fois moins de risques de décès prématuré que les sédentaires. Ils ont suivi des coureurs de 50 ans et plus pendant 20 ans : à la fin de l'étude, 34 % des personnes sédentaires étaient décédées, contre 15 % des coureurs.

« Les nombreux effets bénéfiques de la course à pied sont démontrés depuis longtemps. La pratique régulière est liée à une diminution de la mortalité toutes causes confondues », confirme le cardiologue Martin Juneau.

COURIR POUR MAIGRIR

Plusieurs femmes commencent à courir pour perdre des kilos en trop. Et elles y arrivent. L'équation est simple : pour maigrir, il faut dépenser plus d'énergie qu'on n'en consomme. Idéalement, on bouge plus et on mange moins, non ? Logique ! Mais la mise en pratique de ce concept est néanmoins plus complexe – et plus longue ! – qu'il n'y paraît.

« Les sports d'endurance, qui augmentent la fréquence cardiaque et la consommation d'oxygène, aident particulièrement à augmenter notre dépense énergétique », affirme Marielle Ledoux, directrice du Département de nutrition de l'Université de Montréal, spécialiste renommée en nutrition sportive.

Si une femme de 60 kg court à une allure de 10 km/h, elle brûle environ 600 calories en 60 minutes. L'équivalent d'un gros hamburger bien garni ! C'est environ trois fois plus, pour la même durée, que le conditionnement physique en salle ou que le ski alpin. Plus on court vite et plus on court longtemps, plus on brûle d'énergie.

Mieux encore : on continue de brûler de l'énergie, même au repos, après l'effort. « Le métabolisme de base reste un peu plus élevé, de quelques minutes à quelques heures, selon l'intensité et la durée de l'exercice. Plus c'est long et intense, plus on mobilise nos graisses et nos sucres de réserve pour reconstituer notre banque et ramener le tout à la normale », explique Marielle Ledoux.

On sait aussi depuis peu que la dépense énergétique est encore plus marquée si nous optons pour l'entraînement intermittent (par intervalles courts) plutôt que pour l'entraînement en continu (d'une intensité élevée stable). L'entraînement par intervalles courts consiste en une séance d'entraînement avec alternance de courtes périodes d'efforts de 20 secondes ou moins à intensité très élevée et de périodes de repos. Puisqu'on récupère entre les efforts, on peut travailler à haute intensité plus longtemps et dépenser davantage de calories.

Il y a plus. Selon des travaux de l'Université Laval, l'appétit est même diminué dans les heures suivant un entraînement intermittent. Le métabolisme de base (ou de repos) est plus élevé, et ce, pendant quatre à six heures après la séance. On brûle donc des calories (surtout de la graisse) au repos ! « La différence peut atteindre jusqu'à environ 150 kcal. C'est beaucoup : à peu près l'équivalent d'une vingtaine de minutes d'exercice aérobie d'intensité moyenne », précise Guy Thibault, physiologiste de l'exercice.

Voilà pourquoi, selon plusieurs experts, l'idée de « lipomax » ne tient pas la route. Les tenants de cette approche assez répandue avancent qu'il existe une zone optimale d'intensité (ni trop élevée ni trop faible) pour perdre du poids. Il faudrait viser une intensité moyenne, disent-ils, pour perdre davantage de graisse, soit de 40 à 60 % de notre VO_2 max. Pourquoi ? Parce que la graisse est alors utilisée comme principale source de carburant, tandis qu'à intensité élevée on brûle plus de sucres (glucides) que de graisses (lipides). Tout cela est vrai. Toutefois, il faut savoir que l'on brûle plus de graisse après un exercice d'intensité élevée puisque le métabolisme s'efforce de rétablir un équilibre entre les glucides et les lipides. Bref, en fin de compte, c'est la dépense calorique totale qui prime.

Soyons néanmoins averties : « Après un effort particulièrement intense, on devient fatigué et on peut avoir tendance à bouger moins. Il peut aussi être tentant de se laisser aller dans un protocole gourmand, même si nos travaux tendent à montrer le contraire », indique Angelo Tremblay, professeur en kinésiologie à l'Université Laval et titulaire de la Chaire de recherche du Canada en environnement et bilan énergétique. On risque alors de prendre du poids plutôt que d'en perdre.

Pour voir les kilos s'envoler, rien ne sert de courir si on ne modifie pas du même coup son alimentation. Attention : il ne s'agit pas ici de se lancer dans une diète rigoureuse, au contraire. Plus on coupe sévèrement notre apport alimentaire, plus le métabolisme, en mode défensif, ralentit. L'idéal n'est donc pas de couper, mais de manger plus sainement, précise Angelo Tremblay. « Si je mange moins gras, que j'augmente mon apport en fibres, que je m'assure d'avoir toutes mes vitamines et tous mes minéraux, que j'augmente mon apport en protéines et que je mange plus de fruits et de légumes, je quitterai fort probablement la table en étant rassasié pour un apport calorique inférieur. » Plusieurs aliments (le tofu, les poissons et le yogourt nature sans gras, par exemple) sont peu caloriques et donnent rapidement une sensation de satiété prolongée. ***Attention !*** Il faut vérifier la teneur calorique des aliments sans gras, auxquels on ajoute parfois beaucoup de sucre. Soyons vigilantes !

BON À SAVOIR

- Courir à jeun favorise-t-il la perte de poids ? Les études sont contradictoires. Le corps brûle effectivement plus de lipides (graisses) à l'effort lorsque l'estomac est vide, mais l'équilibre énergétique est rétabli au bout de 24 heures. « Que vous couriez à jeun ou pas, le matin ou le soir, l'organisme humain s'adapte spontanément pour compenser le type et la quantité d'énergie perdue », explique Marielle Ledoux. Et le ventre vide, il nous sera difficile de prolonger l'effort à l'intensité souhaitée !

- La transpiration ne fait pas maigrir. Certes, pour chaque litre d'eau évaporée, nous perdons 1 kg. Lors d'un marathon, on peut facilement perdre cinq litres en sueur (d'où l'importance de boire). Cependant, il ne s'agit pas de perte de graisse, mais de déshydratation. Ces kilos volatilisés réapparaîtront dès que le corps sera convenablement réhydraté.

- Plusieurs femmes souhaitant maigrir éliminent à tort toutes sources de gras de leur alimentation. « Certaines vitamines (A, D, E, K) sont liposolubles, elles ont donc besoin de gras pour être assimilées. Si on coupe le gras, on risque des carences », nous rappelle Marielle Ledoux. Il faut préférer une alimentation variée, colorée et en plus petites quantités.

- Une diète hypocalorique suivie seule engendre une légère diminution de la masse graisseuse, mais aussi de la masse musculaire et de la masse osseuse. Cette même diète, variée et nutritive, combinée à une activité physique, a l'avantage de gruger davantage dans la masse graisseuse tout en diminuant la perte des masses musculaire et osseuse. Si nous ne mangeons pas suffisamment, nous n'aurons pas assez d'énergie pour bouger intensément.

- On croit souvent que l'on brûle davantage de graisse après une trentaine de minutes d'effort. Soyons rassurées, on brûle de la graisse bien avant ce laps de temps ! C'est la proportion en graisse de notre carburant qui change. Grosso modo, notre carburant est composé de 40 % de graisses (lipides) et de 60 % de sucres (glucides) au cours des 30 premières minutes d'effort. Après, c'est plutôt l'inverse. Ça vaut le coup de s'entraîner, peu importe le temps qu'on y met, non ? On brûle plus de calories dès qu'on bouge et, en fin de compte, c'est la somme totale de calories brûlées qui compte.

- Selon notre génétique, nous répondons toutes différemment à l'activité physique. Pour certaines, perdre du poids par l'activité physique est beaucoup plus laborieux que pour d'autres, voire presque impossible.

- Après une perte de poids – qu'on devrait limiter à 1 kg par semaine –, il faut redoubler de prudence. Le métabolisme de base est diminué (on dépense moins pour fonctionner) et nous risquons de reprendre le poids perdu si nous sommes moins assidues à l'entraînement et si nous faisons des excès alimentaires. À peine 5 % des personnes obèses réussissent à ne pas reprendre les kilos perdus. La clé ? Continuer de bouger régulièrement et intensément et adopter de saines habitudes alimentaires plutôt que de suivre des régimes.

- Il n'est pas possible de maigrir localement. Muscler ses abdominaux pour un ventre plat ? Impossible. Le fait de bouger fait travailler les muscles, mais ne fait pas fondre la graisse autour. C'est la dépense énergétique qui agit sur la masse graisseuse totale. Par contre, Marielle Ledoux fait remarquer que la graisse abdominale (viscérale) est plus facile à perdre que la graisse sous-cutanée. Voilà pourquoi les hommes « bedonnants » voient leur silhouette modifiée plus rapidement que les femmes !

- D'une pierre, deux coups : pour maigrir ou contrôler notre poids, il faut bien dormir. En effet, le manque de sommeil a été identifié par Angelo Tremblay et son équipe de l'Université Laval comme un facteur d'obésité à ne pas négliger. La cause ? Moins nous dormons, moins nous sécrétons de leptine, une hormone qui diminue la faim et stimule la dépense énergétique. Voilà une bonne raison pour passer plus de temps dans les bras de Morphée !

L'EUPHORIE DU COUREUR, COMME UNE DROGUE DOUCE

C'est bien connu des adeptes : la course rend euphorique. Cette sensation est tellement répandue qu'on lui a accolé l'expression « euphorie du coureur » ou, en anglais, *runner's high*. Nous nous sentons alors légères comme l'air, prêtes à changer le monde !

Les endorphines ont longtemps été soupçonnées d'être les responsables de cette euphorie sans que cela ait pu être démontré scientifiquement. Certains experts ont même crié au mythe. Dans les années 1980 et 1990, des scientifiques avaient déjà signalé une augmentation d'endorphines dans le sang de coureurs, mais rien n'indiquait alors que ces hormones se frayaient un chemin jusqu'au cerveau. En 2008, des chercheurs allemands ont réussi à prouver, grâce à l'imagerie cérébrale, qu'il y a bel et bien un afflux d'endorphines dans certaines zones du cerveau liées à l'humeur et à l'émotion. Plus de doutes possibles !

Les endorphines font partie des opiacés naturels produits par le corps. Elles ont un effet analgésique, comme la morphine, et sont sécrétées dès qu'il y a de la douleur. C'est vrai lors de la course... comme lors de l'accouchement. « Dès qu'on fait un effort légèrement souffrant, comme la course à pied, le cerveau sécrète des endorphines qui atténuent la douleur et amènent cette sensation d'euphorie. Ça crée un effet catalyseur. On cherche sans cesse à revivre ce moment d'ivresse », dit Bruno Ouellette, psychologue sportif.

La plupart des coureurs parlent d'une sensation de bien-être, de plénitude et de liberté, d'une impression de flotter sur un nuage, de méditer. Plus rarement, des coureurs vont ressentir un « buzz » très intense et passager, comme sous l'effet d'une drogue. Plus on court longtemps, plus la sensation d'euphorie est profonde. Il suffit néanmoins de pratiquer un sport d'intensité moyenne (à plus de 50 % de la fréquence cardiaque maximale) pendant 20 à 30 minutes pour ressentir ces effets.

Les endorphines ne sont pas les uniques responsables de ce bonheur bien mérité. La dopamine, la sérotonine et la noradrénaline, des neurotransmetteurs liés à l'humeur, apportent aussi leur grain de sel. « Le cerveau sécrète notamment de la dopamine, le neurotransmetteur du plaisir. Si vous prenez de la drogue, si vous gagnez un million de dollars ou si vous êtes content de faire un sport, vous sécrétez de la dopamine. Ça crée une sensation de bien-être qui vous fait dire : « wow ! », explique le neurophysiologiste Serge Marchand. Lorsque vous faites de la course à pied, la seule idée d'aller courir est excitante. Si on ne peut pas y aller, on est déçu, on peut se sentir mal physiquement et psychologiquement. »

Le blues du coureur

Il est très commun de ressentir une sensation de vide après une période d'entraînement intense et une course importante. Certains coureurs développent même des symptômes apparentés à la dépression : manque d'intérêt généralisé, fatigue, irritabilité, tristesse. Il faut savoir s'y préparer. Comment ? On savoure le sentiment de fierté et d'accomplissement lié à la course, on planifie sa prochaine compétition, on parle de ses sensations à d'autres coureurs, on profite pleinement de sa famille et de ses amis qu'on a (probablement) négligés et on se chouchoute.

Une dépendance

La course peut être considérée comme une dépendance positive chez plusieurs. Lorsque nous ne courons pas, nous sommes en manque, soutient Guy Thibault. Nous devenons maussades, nous avons des tensions dans les jambes ou nous dormons moins bien. « Cet état de manque vous pousse à faire quelque chose qui est bon pour vous : courir. » La dépendance devient néanmoins problématique lorsqu'elle mène au surentraînement. « L'athlète est incapable de récupérer, il manque de concentration, dit Bruno Ouellette. L'humeur est affectée, le sommeil est troublé. Des blessures à répétition et un dérèglement hormonal peuvent aussi survenir. » Le sport prend parfois tellement de place que certains mettent en péril leur famille, leur vie sociale, leur emploi et... leur santé.

ALEXANDRA DIAZ, ANIMATRICE: *des lunettes roses*

Je suis une nouvelle droguée à la course. Courir, c'est comme m'acheter du bonheur ou mettre une paire de lunettes roses. Je cours tout le temps, délibérément, pour aller au marché, faire des emplettes, avec ou sans poussette. Pourtant, je n'ai jamais été sportive. J'avais jusqu'à récemment une vie très *night life* et je viens d'une famille d'intellectuels qui valorisent surtout l'amour de la connaissance. Mais en tant que mère, je voulais prêcher par l'exemple et bouger. La première fois, j'ai couru 50 minutes sur le mont Royal : je voulais mourir ! Peu à peu, j'ai trouvé mon rythme (courir tombe pile poil avec mes capacités) et ça a *kické in*. Le plaisir ressenti relève du même sentiment d'accomplissement, de fierté et d'invincibilité que d'avoir un enfant.

Lors de ma première course de 5 km, j'avais l'impression d'être une extraterrestre, je ne connaissais pas les codes, comme la première fois où je suis allée au parc avec mes enfants. J'aurais voulu avoir un sac brun sur la tête. Avais-je mis mon dossard du bon côté ? Chaque étape était d'un exotisme, d'un dépaysement et d'une satisfaction que je ne connaissais pas dans d'autres sphères de ma vie. C'était comme découvrir un pays où j'ai rapidement souhaité demander ma citoyenneté !

Courir m'a aidée à retirer la loupe sur mes complexes physiques, je n'ai plus cette relation esthétique déformée par la mode et la télé. Plus je m'entraîne, moins j'ai peur de mes fesses. Elles ne sont plus damnées, mais condamnées à courir. Mon corps m'épate chaque fois qu'il repousse ses limites. J'ai cessé de le maudire depuis que j'en prends le contrôle.

J'achète tous les gadgets de course, des écouteurs dernier cri à la jupe à frou-frous. Ce sont des objets vivifiants que je peux contempler comme des œuvres d'art, avec un plaisir qui me rappelle de beaux moments. Ma plus belle expérience, c'est la course à relais Montréal-New York organisée par le Groupe Esprit de corps. J'ai couru 90 km en deux jours et demi. C'était surréaliste d'arriver à Times Square escortée par la NYPD !

ADIEU OBÉSITÉ

Josée Leblond, 37 ans, Montréal

C'était le 3 juin 2008. Josée est montée sur le pèse-personne, comme elle l'avait fait des milliers de fois auparavant. Une habitude devenue réflexe, comme cette enfilade de diètes, toujours draconiennes, parfois farfelues et jamais réussies. Sur le compteur : 136,5 kg (301 lb). Toute nue dans sa minuscule salle de bain, elle a eu envie de crier sa détresse à tue-tête. Elle s'est longuement observée dans le miroir, a pleuré un bon coup et a décidé que ça ne pouvait plus durer. Elle s'est inscrite à la salle d'entraînement sur-le-champ. Dès lors, elle a commencé à vivre pleinement.

Quand on a tout ce poids à trimballer, la vie dans son entièreté devient corvée. On craint les banquettes au restaurant et les tourniquets des magasins à grande surface. « Je ne rentrais même pas dans les sièges de cinéma. » On baisse les yeux devant les regards blessants, on fait la sourde oreille aux propos méchants. Même marcher devient malaisé. « Je me rendais à la station de métro, à un coin de rue de chez moi, à bout souffle et toute en sueur. Ça ne pouvait qu'empirer. Je me suicidais à petit feu, je devais agir. »

Obèse depuis l'adolescence, Josée n'avait jamais été active. Elle était plutôt du genre à trouver mille et une raisons pour se faire exempter de ses cours d'éducation physique. « J'avais d'énormes seins et un bon surplus de poids, alors, on se moquait déjà de moi à l'époque. » C'est donc avec une grande nervosité, marquée par ses âpres souvenirs, qu'elle a franchi la porte du centre de conditionnement physique. « Je veux courir, comment dois-je m'y prendre ? », a-t-elle demandé timidement à l'entraîneur sur place. Il lui a plutôt suggéré de marcher sur le tapis roulant.

« La première fois, j'ai pensé mourir. » Pendant les deux jours qui ont suivi, Josée a eu des palpitations cardiaques, des nausées et des étourdissements. Sans le savoir, elle faisait de l'hypertension artérielle « à fond la caisse », dit-elle. Elle n'en fait plus aujourd'hui. Elle a perdu 23 kg (50 lb) en trois mois, un pas à la fois. Puis, un dimanche matin de septembre, par pur hasard, elle a vu une horde de coureurs défiler dans les rues de Montréal. C'était jour de marathon. « Ça a été le déclic. Je me suis dit : "L'an prochain, je ferai une course." Je savais que j'aurais à travailler fort. »

Comme une étoile filante

Sur le tapis roulant, il a fallu accélérer la cadence. Josée a donc commencé à courir. Pas longtemps, à peine 30 secondes. « Je suis arrivée à la maison complètement brûlée. J'avoue que j'ai alors versé une petite larme de satisfaction. N'importe qui peut marcher. Là, je venais de franchir une nouvelle étape, j'avais accompli quelque chose de gros, mais je mentirais si je disais que ça n'avait pas été éreintant. » Elle a suivi à la lettre le plan d'entraînement, une alternance de marche et de course, préparée par son entraîneur. Peu à peu, elle a augmenté la durée et le nombre d'intervalles de course. Peu à peu, les kilos ont fondu. Peu à peu, son rêve prenait forme.

Le 13 septembre 2009, elle a pris part comme prévu au 10 km du marathon de Montréal. Elle a bien failli tout lâcher. La veille, elle avait célébré son trente-quatrième anniversaire sans se priver. Gâteau et gourmandises étaient au menu et l'alcool coulait à flots. La fête a été un succès et Josée a très peu dormi. « J'ai paniqué. Est-ce que j'allais être au moins capable d'avancer ? J'ai décidé que j'y allais coûte que coûte. »

Sur la ligne de départ, sa nervosité était à son paroxysme. « Je suis folle », se répétait-elle. Un mantra pas très rassurant. Puis, le coup de départ a retenti. Trop tard pour renoncer. Elle a suivi la vague formée par les milliers de coureurs à ses côtés, laissant ses doutes derrière elle. « Il fallait absolument que je le fasse. J'étais prête à franchir la ligne d'arrivée en marchant, en crawlant, même en ambulance. »

Jamais elle n'avait couru dehors. Jamais elle n'avait couru 10 km. Jamais elle n'avait couru en groupe, exposée au regard et au jugement des autres. Un baptême complet de 80 minutes. « Ça a été une révélation. Ça a bouleversé ma vie sous toutes ses formes. Mes proches étaient fiers de moi. Moi aussi. C'est la première fois que j'entreprenais quelque chose et que je le finissais. J'ai tellement "tripé" quand j'ai reçu ma médaille. J'étais prête à recommencer le lendemain juste pour retrouver cette sensation. » Pendant trois jours, elle a eu du mal à marcher. Rien pour gâcher sa joie.

Sur son avant-bras droit, elle a fait tatouer une étoile filante afin d'immortaliser son exploit. Depuis, elle a participé à quelques courses. Elle a aussi perdu plus de 45 kg (100 lb). « La course m'apporte tellement que je ne pourrais plus m'en passer. Par contre, ce n'est pas inné pour moi. Je dois m'approprier le sport, le laisser venir à moi, sans forcer. Certains courent comme ils se brossent les dents, ça fait partie de leur vie. Pas moi. C'est encore difficile. »

Son poids oscille maintenant de 88 à 90 kg (195 à 200 lb). Elle aimerait s'alléger d'une quinzaine de kilos supplémentaires. « Je suis encore lourde pour mes genoux et mes chevilles, je sais que je dois continuer. Plus je cours, plus je maigris et plus ça devient facile de courir. Un cercle "vicieux positif". J'en veux toujours plus. »

Josée se demande pourquoi elle n'a pas agi avant. Son estime personnelle a fait un bond de géant. Elle a ouvert la porte au bonheur. Après des années à saboter ses relations amoureuses, elle a rencontré un homme avec qui elle partage sa vie depuis deux ans. Au boulot, elle a obtenu une promotion. Elle est coordonnatrice dans une agence de placement en santé. « Avant, je n'aurais pas eu l'énergie d'occuper ce poste, ni même l'envie. »

Elle a aussi décroché un contrat de photo pour un magazine Web de musique. Passionnée de photographie et mordue de musique *heavy metal,* elle court aujourd'hui les concerts tout en remodelant son ego. « Jamais je n'aurais cru pouvoir prendre d'aussi belles photos. » Elle a vu les barrières tomber au rythme des kilos envolés.

Non au bistouri

Pendant des années, Josée a fait semblant de se complaire dans son corps tout en chair et en rondeurs. Au début de la vingtaine, elle a été mannequin taille forte. Elle jouait la carte de la sensualité, s'inventant une image de déesse épicurienne. Elle s'était même spécialisée dans la photographie de femmes rondes. « Pour me sentir belle et sexy, sans culpabilité, je me confortais en m'entourant de femmes comme moi. Je m'inventais une vie. »

Elle se disait au-dessus des jugements, mais quand elle sortait, elle se contentait de boire un verre en vitesse dans le fond d'un bar. Tout, sauf attirer l'attention. « Aucune femme obèse n'est contente de l'être, quoi qu'on en dise. Nue devant le miroir, on déprime devant nos rondeurs. On ne se sent pas en forme, pas belle. C'est tellement difficile de se donner le coup de pied pour agir. J'étais malheureuse et je pleurais ma vie. »

Pour Josée, la chirurgie bariatrique n'a jamais été une option. « Ce serait pour moi l'ultime défaite. J'ai plutôt changé mes habitudes de vie. » En parallèle à la course, elle a opté pour un régime alimentaire santé et, surtout, elle a réduit la taille de ses portions. « Je cuisine bien et je ne veux pas me priver du plaisir que j'ai de manger. Alors, je mange avec modération et je bouge plus. » Dans son garde-manger, tout est rangé en portions individuelles. Elle calcule à la calorie près tout ce qu'elle ingère. « Je suis un peu zélée, mais ça marche. »

L'obésité serait une dépendance, au même titre que l'alcoolisme ou la toxicomanie, Josée le sait. Elle est même plus sournoise parce que, pour vivre, on doit manger. Tout est dans la façon. « Je sais que je devrai me contrôler toute ma vie. Je pars en vacances et les vieilles habitudes ont tôt fait de revenir. C'est un combat de tous les jours, mais chaque petite victoire vaut le coup. » Elle commente sa perte de poids sur un blogue. « Je me nourris des commentaires des gens. J'ai fait le ménage dans ma vie et je m'entoure de personnes qui vont dans la même direction que moi. »

Siroter un vin rosé, déguster des frites et consommer des fraises en bonbon – son péché mignon – font encore partie des petits plaisirs qu'elle se permet. Avec modération. Si excès il y a, elle s'oblige à participer à quelques séances intensives de *spinning* pour brûler vite fait cette montagne de calories honteusement gagnées. Elle réserve la course pour le plaisir.

Un vent de renouveau

Pour Josée, courir est devenu bien plus qu'un outil pour maigrir. C'est une passion pour laquelle elle développe une douce accoutumance. « C'est une relation amour-haine. Ça peut être tellement souffrant et tellement exaltant à la fois. » Elle a même découvert qu'elle méditait en courant. « Je suis une grande rêveuse et, si je laisse mon esprit vagabonder pendant que je cours, sans me préoccuper de mon chrono, je peux tenir bien plus longtemps. »

En 2012, au cours d'une épreuve de 5 km au parc Jean-Drapeau, elle a même eu l'impression de voler. « C'était génial. Je profitais de chaque instant, je contemplais le paysage. Je planais. » Il est très loin, dans sa tête, le temps où elle pleurait sa vie. « Je sais que je suis capable de faire n'importe quoi maintenant. » Son rêve ? Courir un demi-marathon et atteindre 79 kg. Peut-être avoir des enfants. Sur son épaule gauche, une femme dessinée à l'encre noire souffle vers sa main un vent de renouveau. « Ce récent tatouage illustre ma vie actuelle avec tout ce qu'elle a de positif. »

Quand Josée court toute de noir vêtue, une musique « qui défonce les tympans » dans les oreilles, elle se sent vibrer comme jamais avant.

2

Courir futée

Courir, c'est mettre un pied devant l'autre, non ? Si seulement c'était aussi simple ! Courir futée est nettement plus complexe. Que nous exécutions nos premières foulées ou que nous soyons des coureuses chevronnées, il peut être difficile de nous y retrouver. Les mythes sont courants en matière d'entraînement et de course à pied, et ce, même chez les athlètes aguerries. Ce tour d'horizon, destiné tant aux débutantes qu'aux habituées, a pour but d'aller au-delà des idées reçues. Courir sans se prendre la tête ? C'est possible !

VINGT QUESTIONS ET RÉPONSES

1 Puis-je commencer à courir du jour au lendemain ?

Non. Il ne faut pas se lancer dans la course à pied à corps perdu ! Si l'on est complètement sédentaire, il faut s'assurer de pouvoir marcher aisément jusqu'à 45 minutes à bon rythme au moins trois fois par semaine avant de commencer à courir. En présence d'une condition particulière, telle qu'une douleur à la poitrine, des problèmes d'équilibre et d'étourdissement, des problèmes osseux ou articulaires, ou si on consomme des médicaments pour le contrôle de la pression artérielle, si on est enceinte, ménopausée, si on a une maladie chronique ou si on présente un surpoids important, il vaut mieux obtenir d'abord le feu vert de son médecin. Les contre-indications à la course à pied sont rares, mais elles existent. Parfois, il est préférable d'opter pour une activité physique plus douce.

2 Dois-je être gênée de marcher ?

Non. Si on n'a jamais couru, les entraîneurs suggèrent habituellement de commencer par une alternance de marche et de jogging : 10 × (1 min de course + 1 min de marche), pour un total de 20 minutes, ou 20 fois × (30 s de course + 30 s de marche). On augmente graduellement le temps de course en coupant le temps de marche. Une coureuse débutante peut s'entraîner de 8 à 10 semaines avant d'arriver à courir 20 minutes en continu. Tout dépend de notre niveau de forme initial, de notre âge, de notre poids et de notre état de santé. « Cette période peut être décourageante parce qu'on voit peu les résultats et que l'on ne ressent pas encore le bonheur de courir. Il faut persévérer, ça viendra », explique l'entraîneur Martin Fontaine.

Certains marathoniens se font un devoir de marcher à l'entraînement et même en compétition. Il ne faut pas croire que marcher est un échec. La formule « marche-course », conçue par le gourou américain de la course à pied Jeff Galloway, compte plusieurs adeptes. Cet ancien athlète olympique conseille de marcher 35 secondes toutes les 4 minutes (si l'on court 12 km/h en moyenne ou plus). Les coureurs diminuent ainsi les risques de blessures, dit-il, et s'assurent de meilleurs temps, surtout sur une longue distance. Des marathoniens qui en ont fait l'expérience ont de cette façon retranché 10, 20 ou 30 minutes à leur chrono.

On jogge ou on court ?

Tout est dans l'allure à laquelle nous allons. « On marche habituellement à un rythme de 3 à 6 km/h. À partir de 9 km/h, on parle de course. Le jogging (ou course lente), c'est entre la marche et la course, de 7 à 8 km/h », indique le kinésiologue François Lecot. Il souligne que cette vitesse est, selon diverses études, plutôt inconfortable pour la plupart des coureurs.

3 Courir m'est inconfortable, est-ce normal ?

Oui. Parce qu'elle impose un stress biomécanique important et une dépense énergétique élevée, la course à pied est inévitablement inconfortable. « Si l'on souhaite pratiquer la course à pied, on doit pouvoir tolérer un certain inconfort, surtout lorsqu'on débute : la sueur est abondante, les muscles chauffent, l'essoufflement est marqué », soutient Guy Thibault.

Plus on est expérimentée, mieux on arrive à gérer cet inconfort qui, au gré de notre progression, nous suivra avec plus ou moins d'intensité. Nous n'avons pas toutes la même aptitude naturelle à tolérer cette douleur, à sortir de notre zone de confort, mais sachons qu'elle s'acquiert ! La sensation peut même devenir grisante et plaisante pour les sportives chevronnées, note le physiologiste.

À noter ! Les coureuses encadrées par un entraîneur ou qui courent en groupe apprivoisent la course et la douleur plus facilement. Il faut aussi savoir distinguer une courbature (*voir la question 10*) d'une blessure. Si la douleur est vive, il faut arrêter.

4 Dois-je absolument avoir un entraîneur ?

Non. Il existe diverses façons de s'entraîner : à tâtons, en groupe, avec un livre, avec Internet ou avec les conseils d'un entraîneur privé. Toutes ces façons peuvent être bonnes si elles correspondent à nos besoins, selon François Lecot, kinésiologue, entraîneur et directeur de course. On souhaite simplement bouger ? On a comme objectif de performer ? On choisira l'approche qui nous permettra de pratiquer notre activité en y prenant plaisir et en la faisant souvent. Tout simplement.

Certaines coureuses se contentent de sortir prendre l'air seules, d'autres sont motivées par le groupe. D'autres encore, plus axées sur la performance, préfèrent le suivi serré d'un entraîneur privé. Cela dit, un programme d'entraînement devrait être conçu par un professionnel compétent.

Comment trouver un entraîneur ? Par le bouche à oreille, par son affiliation à un club ou à une boutique spécialisée et par l'entremise de la Fédération des kinésiologues du Québec. « On devrait toujours aller vers des professionnels qui ont une formation reconnue en sciences de l'activité physique et des certifications appropriées », souligne François Lecot.

Il ne faut pas avoir peur de poser des questions, ajoute l'entraîneur Martin Fontaine. « On s'informe sur les méthodes de l'entraîneur. Il faut être à l'aise avec son approche, qu'il y ait une belle chimie. »

À noter ! Les clubs, les groupes d'entraînement et les entraîneurs privés proposent généralement un essai gratuit avant l'inscription.

5 Si je suis sportive, puis-je progresser plus rapidement ?

Non. Il n'est pas conseillé de brûler les étapes, quel que soit le niveau de forme physique. Comme la course à pied est un sport avec impacts répétés, le corps a besoin de temps pour s'adapter, même chez les sportifs, souligne le kinésiologue François Lecot. Si on n'est pas rassasiée, on complète la séance par un entraînement d'une autre nature, suggère-t-il. On mise sur l'appareil elliptique, le ski de fond, la course dans l'eau ou le patin à roues alignées, des activités proches de la course à pied.

Les personnes déjà actives risquent plus particulièrement de se blesser lorsqu'elles commencent la course à pied, note pour sa part Guy Thibault. Elles ont un système cardiorespiratoire et un système neuromusculaire aptes à l'effort, mais la course est trop intense pour leurs systèmes articulaire et osseux, incapables de suivre. Pour éviter les blessures, il préconise une progression « ridiculement lente et ridiculement longue ».

6 Ai-je avantage à courir tous les jours pour être meilleure ?

Non. Chez les débutantes comme chez les coureuses élites, la récupération et le repos sont souvent sous-estimés. Chez les débutantes, chacune des séances d'entraînement devrait être suivie d'une journée de récupération qui peut être active (vélo ou marche, par exemple). Trois sorties de course par semaine sont optimales. Lorsque le corps est habitué, on peut augmenter le nombre de sorties. Lorsqu'il ne court pas, le corps s'adapte (les fibres musculaires se réparent, les vaisseaux sanguins se développent) et se prépare plus efficacement au prochain entraînement. S'il ne récupère pas suffisamment, il est toujours en surcharge, souligne François Lecot. Le résultat ? On régresse. Si on court moins de trois fois par semaine, on progressera peu.

Dans une semaine, l'entraînement devrait idéalement être composé d'une séance facile, d'une séance intense (par intervalles ou en côtes, par exemple) et d'une séance plus longue à basse intensité. On mise sur la variété. « Si on fait varier le stimulus d'entraînement, le corps tente toujours de s'adapter. On risque donc moins d'atteindre un plateau », indique François Lecot.

À noter ! « Tout athlète devrait bénéficier d'un repos complet au moins une journée par semaine, ne serait-ce que pour refaire ses réserves en fer », souligne Marielle Ledoux, directrice du Département de nutrition à l'Université de Montréal. Le repos doit faire partie de l'entraînement, quel que soit notre niveau de condition physique.

! Courir en talons hauts

Il n'y a pas que Carrie Bradshaw, de *Sex and the City,* qui sait courir juchée sur des talons vertigineux. Des courses en talons hauts sont organisées dans toutes les grandes capitales du monde. Paris, New York, Berlin, Moscou et Amsterdam ont désormais leur événement. Bienvenue aux sprinteuses *fashionistas* ! Depuis 2010, un sprint de 100 m donne le coup d'envoi au Festival de mode et de design de Montréal et permet d'amasser des fonds pour la recherche contre le cancer. Tous les escarpins (à bout ouvert, à semelle compensée ou à motif léopard !) sont permis. Une seule exigence toutefois : le talon doit mesurer au moins 7 cm. En 2012, deux mannequins ont gagné la course et remporté un forfait dans un spa et un verre de martini. On a déjà vu des néophytes, ayant perdu pied, étendues sur le bitume. Sport extrême ? Mieux vaut laisser son orgueil et ses précieux Louboutin à la maison !

7 Dois-je m'échauffer avant de courir ?

Oui. Afin de préparer notre corps à l'effort, l'échauffement (*warm-up*) est essentiel avant toute séance d'entraînement. On marche ou on jogge au moins 10 minutes, selon notre niveau. Pourquoi ? « C'est le moyen de progressivement préparer l'organisme à l'effort, en augmentant la température corporelle et en préparant le système cardiorespiratoire à l'exercice », explique François Lecot. Le risque de blessures est ainsi diminué.

Que penser du retour au calme (*cool-down*) après l'entraînement ? Le but principal du retour au calme est de ramener progressivement l'organisme à son état de base, mais son efficacité pour prévenir les blessures et les courbatures reste à démontrer.

8 Vaut-il mieux que je m'étire avant de courir ?

Non. « C'est même plutôt risqué, si vous le faites à froid avant l'échauffement. C'est comme si vous essayiez de tirer sur un élastique qui a été congelé », explique François Lecot. L'étirement avant l'échauffement est dommageable, surtout lorsqu'il est statique et dure plus de 30 secondes. Selon la littérature scientifique, les exercices de flexibilité pratiqués avant ou après l'entraînement n'aident aucunement à réduire les risques de blessures et de courbatures. On sait depuis peu que, lorsqu'on étire un muscle, il perd même légèrement de sa force, fait remarquer Guy Thibault.

Les exercices de flexibilité sont néanmoins indiqués lors d'un retour au sport après une blessure et une immobilisation. Quand on avance en âge, il est sage de faire des exercices de flexibilité afin de préserver son autonomie fonctionnelle le plus longtemps possible.

9 Si je cours, dois-je consommer plus de glucides ?

Oui et non. Le corps a bien évidemment besoin de carburant pour fonctionner. Il trouve son énergie dans les glucides (sucres simples et complexes), les lipides (graisses) et les protéines à consommer quotidiennement. Les glucides (fruits, légumes, produits céréaliers, etc.) sont le principal carburant des muscles et du cerveau, et il est prouvé qu'un apport glucidique ciblé améliore la performance en endurance.

« Si on a un régime alimentaire équilibré, notre apport énergétique sera amplement suffisant pour la pratique d'une activité physique d'une heure, affirme AngeloTremblay, professeur en kinésiologie à l'Université Laval et titulaire de la Chaire de recherche du Canada en environnement et bilan énergétique. La diète nord-américaine comporte déjà une importante quantité de glucides.

La consommation de glucides avant, pendant et après l'effort est appropriée si l'activité physique dure plus de 60 minutes. Quoi boire et manger ? Une heure avant, on peut manger un muffin maison, une barre de céréales faible en gras, une galette de riz ou un fruit. On boit de l'eau. Pendant l'effort, on opte pour une boisson qui contient 4 g à 8 g de glucides par 100 ml (on boit quelques gorgées toutes les 15 à 20 minutes). Après l'effort, on prend soin d'accompagner ses glucides de protéines afin de contribuer à la réparation musculaire : un yogourt, des biscottes et du fromage, des noix et un jus de fruit, une boisson de soya. Un verre de lait au chocolat ? Pourquoi pas !

À noter ! Ne multiplions pas le nombre de nos collations, car nous risquons alors des excès caloriques ! Songeons plutôt à les consommer au moment opportun, en fonction de nos activités physiques.

10 Si j'ai des courbatures, est-ce le signe d'un entraînement efficace ?

Non. « J'ai mal partout ! J'ai bien travaillé », entend-on souvent. Les courbatures sont quasi inévitables. Dès qu'on se pousse un peu, on a des douleurs musculaires, généralement sans gravité. Elles surviennent de 24 à 48 heures après un exercice intense et inaccoutumé. Elles sont fréquentes après une période d'inactivité.

Bénéfiques pour autant, les courbatures ? Pas vraiment. Elles nuiraient même à la performance, parce que le corps met alors plus de temps à récupérer et donc plus de temps à s'améliorer. Elles augmentent aussi le risque de blessures si nous exigeons trop de nos muscles déjà fatigués.

Comment les prévenir ? « Le moyen le plus efficace pour prévenir les courbatures est de ne jamais faire un exercice d'une longue durée ou d'une grande intensité sans s'y être préparé par une progression lente et bien dosée », soutient Guy Thibault. On devrait incorporer les nouveaux exercices sur une période d'une à deux semaines. Le mal est fait ? Il faut réduire le volume et l'intensité de l'entraînement et miser sur des sports complémentaires.

11 Dois-je consommer des boissons sportives ?

Oui et non. Il est conseillé de consommer une boisson sportive lorsque l'effort dure plus de 60 minutes, selon Marielle Ledoux, directrice du Département de nutrition de l'Université de Montréal. « Une boisson avec des électrolytes et du sucre aide au maintien de notre glycémie et de notre équilibre sanguin. Au lieu d'une boisson commerciale, on peut boire un jus de fruit dilué auquel on a ajouté une pincée de sel », dit-elle. Plus la boisson est sucrée, plus le corps prend du temps à l'assimiler.

Il est recommandé de commencer à boire de 400 à 600 ml d'eau ou d'un autre liquide (pas de café ou de boisson énergisante) deux à trois heures avant l'effort. On réserve la boisson énergétique pour l'effort, conseille Marielle Ledoux. On boit alors quelques gorgées toutes les 15 à 20 minutes pendant l'effort. Mieux vaut boire souvent, de faibles quantités, à petites gorgées.

Si on court moins de 60 minutes, l'eau suffit amplement. On jogge 20 minutes? On peut boire en revenant! Gardons en tête que les boissons sportives, souvent utilisées pour tout et pour rien, sont très caloriques.

Attention ! Il ne faut pas confondre : la boisson sportive ou énergétique (type Gatorade, Powerade) n'est pas une boisson énergisante (type Guru, RedBull). Cette dernière est contre-indiquée au cours d'une pratique sportive, selon l'Association québécoise des médecins du sport, car elle contient des stimulants (caféine, guarana ou taurine) qui pourraient avoir un effet négatif sur le cœur.

12 La musculation peut-elle m'aider à prévenir les blessures ?

Oui. Il est démontré que la musculation favorise la performance et diminue le risque de blessures, et ce, même si l'on ampute son volume d'entraînement de course au profit de la musculation. On court moins et on court mieux.

À noter ! Pour être efficace, la musculation doit être ciblée. Il n'y a rien à craindre, notre masse musculaire n'augmentera pas de façon fulgurante, mais nos muscles seront plus forts. Le résultat ? Une foulée plus efficace et une fatigue réduite, sans silhouette de culturiste !

13 Sur tapis roulant, dois-je mettre une pente ?

Non. Il est parfois conseillé de compenser le manque de résistance de l'air (qui est présente dans une course à l'extérieur) en inclinant la pente de 1 à 2 %. Le kinésiologue François Lecot a des réserves : « Nos muscles travaillent un peu différemment sur tapis roulant que sur surface extérieure. Toutefois, la différence n'est pas significative si l'on court à moins de 12 km/h. Si l'on met une pente sur un tapis roulant, on change assurément la façon dont on court. Alors, je préfère éviter la pente, qui peut modifier le schéma de course. » La pente est donc à éviter, à l'exception des séances d'entraînement en côtes.

À noter! Sur tapis, la dépense énergétique est légèrement moindre qu'à l'extérieur, c'est vrai. Si on souhaite augmenter sa dépense énergétique sans mettre le nez dehors, on n'a qu'à courir un peu plus longtemps. Sans pente.

14 J'ai atteint un plateau, est-ce normal ?

Oui. Les débutants progressent beaucoup, puis survient inévitablement un plateau, indique l'entraîneur Martin Fontaine. « Ils paniquent (parce qu'ils ne savent pas que c'est normal) et commencent à s'entraîner tous les jours pour continuer de s'améliorer. C'est une erreur. »

La courbe de progrès tend à être moins marquée au fil des années de pratique, mais elle est toujours ponctuée de pics et de plateaux. Si on souhaite s'améliorer, le plateau indique qu'il faut modifier son entraînement. On change alors la fréquence, l'intensité, le temps ou le type de l'effort, conseille François Lecot. C'est ce qu'on appelle le « FIT ».

Un plateau, et après ? Si nous courons aisément 30 minutes, trois fois par semaine, sans autre but que de garder la forme, notre corps s'habituera à la course et nous atteindrons un plateau. Courir deviendra confortable. On en tirera des bienfaits pour la santé et pour le contrôle du poids, même si on ne cherche pas à s'améliorer.

Attention! Chez les athlètes qui s'entraînent intensément, un plateau peut être un signe de surentraînement.

15 Pour m'améliorer, dois-je opter pour l'entraînement par intervalles ?

Oui. L'entraînement par intervalles consiste en une alternance de courtes périodes de repos et d'effort intensif. Les plus grands athlètes s'y soumettent. « C'est la clé de la préparation physique, la formule la plus efficace pour améliorer la performance sportive », souligne Guy Thibault. Selon diverses études, l'amélioration est plus grande et plus rapide au cours d'un entraînement par intervalles qu'au cours d'un entraînement en continu (à une intensité identique durant toute une séance). Pourquoi? Tout simplement parce que les moments de repos permettent de renouveler notre énergie en vue de l'effort suivant.

En retardant la fatigue, on parvient à passer plus de temps à une intensité élevée. L'aptitude cardiorespiratoire est donc nettement améliorée. Mieux encore : on brûle davantage de calories post-séance pour le même temps passé à bouger. Des intervalles courts, de 20 à 30 secondes par exemple, seraient particulièrement efficaces.

Attention ! Avant d'ajouter des séances avec intervalles à intensité élevée à notre entraînement, il faut nous assurer de pouvoir courir confortablement en continu. Et on ne fait pas que ça !

16 Dois-je suivre la règle de progression de 10 % pour prévenir les blessures ?

Non. Contrairement au mythe répandu dans le milieu sportif, jamais il n'a été démontré qu'une progression de 10 % du volume et de l'intensité de l'entraînement par semaine soit la courbe idéale. Certains auteurs ont utilisé ce chiffre afin de bien insister sur le fait qu'il faut une progression lente et longue, explique Guy Thibault. Aux entraîneurs, il recommande plutôt des programmes dont la progression tourne autour de 5 %. Alors, quel est le chiffre magique ? On ne sait pas. Des gens supporteront une augmentation très rapide, d'autres seront blessés à moins de 5 %, dit-il. Il vaut mieux miser sur la prudence !

17 Devrais-je prendre un repos annuel ?

Oui et non. Chez les coureurs élites, un repos annuel d'au moins deux semaines est recommandé et améliore même la performance s'ils sont fatigués, voire surentraînés. Les athlètes de haut niveau qui ne se blessent pas prennent tous un repos annuel, fait remarquer Guy Thibault. À leur retour, certains reprennent l'entraînement au compte-gouttes. Une sortie lente de 5 minutes. Un repos. Une sortie de 10 minutes. Un repos. « C'est ridiculement long et lent, mais ils finissent ainsi par courir trois heures régulièrement sans jamais se blesser. »

À noter ! Si, à la fin d'une saison, on n'est pas trop fatiguée, on réduit son volume d'entraînement de moitié, suggère-t-il, afin d'éviter de perdre la forme.

Si on est une coureuse récréative, un repos annuel sera inutile.

Le jogging en apesanteur

La coureuse américaine Shalane Flanagan, dixième du marathon des Jeux olympiques de Londres en 2012, s'entraîne en apesanteur. Le Britannique Mo Farah, champion olympique du 5 000 m et du 10 000 m, en fait tout autant. Ils ont adopté le tapis roulant antigravité. Ils peuvent ainsi accroître le volume d'entraînement sans augmenter les risques de blessures. Commercialisé aux États-Unis en 2007, l'Alter-G, qui réduirait l'impact au sol de 80 %, est utilisé en réadaptation dans les hôpitaux, mais aussi par les sportifs professionnels pour favoriser un retour au jeu rapide après une blessure. Le Québécois Georges St-Pierre, champion UFC d'arts martiaux mixtes, en est un adepte. Au Canada, seulement quelques cliniques de physiothérapie, dont une en Ontario et une autre en Alberta, disposent d'un tapis de ce genre.

18 Est-il possible de trop boire en course ?

Oui. Près de la moitié des coureurs boiraient trop d'eau ou de boissons sportives pendant les courses de 5 km et 10 km, selon les résultats étonnants d'une étude publiée en 2011 dans le *British Journal of Sports Medicine*. Plus du tiers des coureurs boivent selon un plan préétabli et un coureur sur 12 boit... le plus possible.

Trop boire en course, surtout sur longue distance, peut causer une hyponatrémie, soit une surhydratation sévère, potentiellement fatale. Une étude publiée en 2005 dans le *New England Journal of Medicine* a révélé que, parmi 488 coureurs ayant participé au marathon de Boston en 2002, 13 % souffraient d'hyponatrémie en fin de course. Quand le corps contient trop d'eau, la concentration de sodium, en étant diluée, devient trop faible, ce qui cause un déséquilibre sanguin.

« La surhydratation est beaucoup plus rare que le coup de chaleur, mais elle peut être dangereuse, note Mireille Belzile, médecin du sport. Elle survient surtout chez les coureurs mal entraînés, qui n'ont pas de bonnes connaissances de l'hydratation et qui courent très longtemps. » Les femmes sont vulnérables parce qu'elles transpirent moins, courent généralement plus longtemps et suivent à tort les indications d'hydratation destinées aux hommes.

Écouter sa soif ? Des chercheurs américains ont récemment semé la controverse en suggérant que, pour s'hydrater adéquatement, les sportifs devraient se fier à leurs signaux de soif.

Or, lorsqu'on ressent la soif, le corps est déjà légèrement déshydraté. Selon la nutritionniste Marielle Ledoux, il est donc plus prudent de boire par petites gorgées à la fois, soif ou pas. « Il est important de boire selon ses besoins pour aider le maintien de la température corporelle, surtout s'il fait chaud ou qu'on transpire beaucoup. »

À noter! Une bonne façon de savoir combien de liquide on doit boire est de se peser avant et après l'effort dans différentes conditions de température et d'humidité. Si on est plus lourde après l'effort, on a bu en excès. À l'inverse, si notre urine est très concentrée (colorée), on n'a pas bu suffisamment. On ajuste notre consommation de liquide pour nos entraînements futurs selon nos observations, conseille Marielle Ledoux. Il faut apprendre à nous connaître.

19 Est-il possible de perdre les effets bénéfiques que me procure la course ?

Oui. Lorsque notre organisme est soumis à un stress d'entraînement, nous dérangeons son homéostasie. Le corps développe alors une série de réactions physiologiques pour se protéger. Ainsi, il s'adapte et s'améliore à la tâche. Lors du stress suivant, le corps est moins dérangé. « Si on arrête d'imposer ce stress, les qualités physiques développées disparaîtront progressivement », explique Guy Thibault.

L'importance de la disparition de ces qualités dépend notamment de notre génétique et de notre niveau d'entraînement. Si une personne modérément entraînée prend un repos de deux semaines, elle verra un bon pourcentage des qualités développées disparaître, selon le physiologiste. À l'inverse, une personne surentraînée aura avantage à prendre un repos de quelques semaines.

Quelle est la première qualité qui apparaît à l'effort et disparaît au repos ? C'est la capacité de retenir l'eau dans le système circulatoire pour faciliter le travail du cœur. Des différences sont perceptibles en à peine deux ou trois jours ! D'autres qualités, comme la solidité des os, se développent sur plusieurs mois et peuvent être conservées très longtemps.

À noter! Si l'on a déjà été active et que l'on reprend l'entraînement, on aura probablement un avantage sur sa voisine qui a toujours été sédentaire. Le corps semble en effet avoir une mémoire de l'effort.

20 Le marathon devrait-il être mon objectif ultime ?

Non. Les gens ont la fâcheuse tendance à penser que, plus la distance est grande, meilleur est le coureur, déplore la coureuse Myriam Grenon. Spécialiste des épreuves de 5 et 10 km, elle s'est initiée au marathon il y a huit ans... pour faire taire les mauvaises langues. À 44 ans, elle a terminé quatrième chez les femmes au marathon de Montréal en 2012.

« Le marathon est parfois érigé en religion, c'est mythique. Il faut l'avoir fait une fois dans sa vie. Certains s'acharnent à courir 42,2 km, même si une plus courte distance leur convient davantage », affirme François Lecot. Aussi, certaines coureuses – à l'image de Forrest Gump ! – sont faites pour courir de longues distances. D'autres pas. C'est souvent une question de génétique, de physiologie. « Certains veulent faire un marathon coûte que coûte, même s'ils le finissent sur les coudes ! Où est alors le plaisir de courir ? »

De 0 à 42,2 km ! « Si l'on vise trop haut, on risque d'abandonner et de se blesser, indique l'entraîneur Martin Fontaine. Combien de fois ai-je vu des gens qui n'avaient jamais couru se lancer dans l'aventure du marathon tête la première ? Après l'épreuve, ils ne remettent plus jamais leurs souliers de course. » Selon lui, on ne devrait jamais courir un marathon avant d'avoir fait des courses sur des distances plus courtes. « On apprend beaucoup, les erreurs sont moins coûteuses, c'est idéal pour se connaître en tant que coureur. » Avant de courir le marathon, on conseille d'avoir au moins deux ans d'expérience en course à pied.

! Un cerceau avec ça ?

Quand Betty « Hoop » Shurin participe à une course, elle ne se contente pas de mettre un pied devant l'autre. En avril 2012, cette experte du Hula-hoop a complété le demi-marathon d'Hollywood en faisant tournoyer un cerceau autour de sa taille jusqu'au fil d'arrivée. Elle a ainsi établi un nouveau record du monde, pour une cinquième mention dans le *Livre des records Guinness*. En 2008, elle avait couru 10 km en 1 h 14 min avec son cerceau. Prêtes à en faire autant ?

Source : bettyhoops.com

LUCE DUFAULT, CHANTEUSE : *accro à la course comme à la scène*

J'ai commencé à courir en 2006. Après un défi lancé en fin de soirée, un 31 décembre. On avait un peu bu... J'ai eu la piqûre pendant l'entraînement. Quand on commence, notre corps n'est pas habitué, il y a des douleurs plates, des points au ventre parce qu'on part trop vite, on ne fait pas les choses qu'il faut au bon moment. Mais quand toutes les douleurs disparaissent et que ça devient naturel, c'est un grand bonheur. Quand je suis dans ma voiture et que je croise un coureur, j'ai des fourmis dans les jambes. Je dois courir au moins cinq fois par semaine. Si je ne cours pas pendant trois jours, tous mes proches en souffrent !

Quand je suis en tournée, je trimballe toujours mes souliers. Après plusieurs spectacles en ligne, la fatigue s'installe. Courir me donne de l'énergie. Même quand je suis fatiguée, je me botte le derrière. Une fois que je suis partie, je me sens bien. Ça vaut de l'or. C'est mon Prozac à moi. Ça me fait beaucoup de bien, tant dans ma tête que dans mon corps. Avec le métier que je fais, j'ai souvent des *rushs* d'adrénaline sur scène. Quand je n'ai plus ces sensations, ça devient un manque. C'est pareil pour la course, j'ai ce *high* d'endorphines, surtout seule sur la route. Quand je ne l'ai plus, je le ressens beaucoup. J'aime courir, même si c'est seulement 15 minutes, même à −20 °C.

Je croyais les marathoniens cinglés, anormaux, alors jamais je n'aurais cru un jour courir 42,2 km. J'ai eu des périodes plus olé olé ! quand je chantais dans les bars, mais j'ai toujours tenté de garder un certain équilibre. Je rêvais qu'un sport devienne naturel dans ma vie. Je n'en fais pas une religion. Je ne veux pas que ça devienne compliqué, je cours avant tout pour être en forme. Je suis motivée, mais j'ai une vie de famille, une vie sociale. Je n'ai pas de diète spéciale. Un lendemain de veille avec une « gang de chums », on se tire du lit et on va courir juste pour dégriser, on retrouve notre énergie. Je suis capable de boire quelques bières la veille d'une course, ça frustre mon coach ! Par contre, j'ai toujours envie de me surpasser. J'aimerais briser le quatre heures lors de mon prochain marathon. C'est mon objectif ultime.

J'aime les compétitions : courir en groupe et voir les coureurs, de tous les calibres, franchir la ligne d'arrivée remplis de fierté. Quand j'ai envie de tout lâcher et que je vois un homme de 80 ans me dépasser, je trouve ça trippant ! Pendant un marathon, je pleure beaucoup sur le parcours, d'émotion, de douleur. À New York, j'ai couru avec 50 000 personnes. Je n'y étais jamais allée avant. Il y avait une décharge émotive, un sentiment de fierté partagé. C'était exaltant.

J'aime aussi courir en vacances en Caroline du Nord, les pieds nus dans le sable. En Corse aussi. Je me suis déjà retrouvée à crier des ah ! et des oh ! en courant toute seule. C'est magique.

Je cours toujours en musique. Il m'est arrivé d'écouter une seule chanson pendant tout un marathon ! Je me rappelle avoir couru sur *Pleine lune en décembre* de Zachary Richard pendant 37 km et je la chantais. Pour me donner des ailes, j'ai terminé sur du Marc Anthony, *My Baby You*. Quétaine, mais j'ai l'impression que ça me donne de la vitesse. Marc Anthony m'accompagnait à l'arrivée !

LE VOILE, LA COURSE ET LE CHOCOLAT

Achaymaa Benabdeljalil, 18 ans, Montréal

Achaymaa courait depuis quelques heures déjà. Elle avait un bon rythme. Malgré la fatigue et la douleur, tout se passait bien. Puis, soudainement, elle a frappé le mur. Durement. Ses jambes sont devenues lourdes comme du béton. Elle n'arrivait même plus à les soulever. Elle s'est assise par terre, au pied de la montée Pie-IX. À peine 2 km la séparaient de la ligne d'arrivée, elle venait d'en parcourir 40. Arriverait-elle à finir son premier marathon, à célébrer dans l'enceinte du Stade olympique?

Achaymaa a retiré ses chaussures avec peine. Elle avait les pieds si tendus. Elle a commencé à marcher sur le gazon, pieds nus. Son père et deux mentors du projet Étudiants dans la course marchaient à ses côtés. Ils l'encourageaient. Leurs bons mots (et ses propres mantras) ont fini par lui donner une énergie insoupçonnée, juste ce qu'il fallait pour continuer. Elle a remis ses souliers, replacé son voile, et elle est repartie. « Main dans la main, j'ai couru avec mon père jusqu'à la fin. Il a même franchi la ligne d'arrivée à mes côtés. Je me sentais vraiment bien. Mon corps avait abandonné, j'ai couru avec l'unique force de ma pensée. J'étais si fière de moi. »

Pendant quelques jours, chaque parcelle de son corps a porté les séquelles de l'ultime épreuve. « Je marchais comme un singe, j'étais incapable de descendre les escaliers. J'avais des courbatures partout. » Le pire, c'étaient les irritations. « C'était insupportable. » À force de frotter sur ses cuisses, les poches de son pantalon, remplies de nourriture, ont lacéré sa peau. Sa ceinture de ravitaillement, les coutures de son soutien-gorge et de sa culotte en ont fait autant. « J'étais irritée de partout. » Des souffrances qui n'ont toutefois pas gâché son bonheur.

« J'ai accompli quelque chose de grand, personne ne pourra me l'enlever. C'est encore plus fort qu'un diplôme. En un instant précis, tu vas puiser au plus profond de toi pour réaliser l'impensable. C'est une expérience sans pareille », confie-t-elle.

Hors de sa zone de confort

Un an avant de faire ce marathon, Achaymaa n'avait jamais couru. Jamais même elle n'avait songé à faire de la course à pied. Puis, l'organisme Étudiants dans la course a fait une présentation à son école, à Montréal-Nord. Elle a donné son nom la dernière, sur un coup de tête. « J'aime relever des défis, pas pour prouver aux autres que je suis quelqu'un, mais plutôt pour me prouver à moi-même que je suis capable de faire de belles choses. »

Chapeauté par la Fondation du docteur Julien, Étudiants dans la course parraine des jeunes de milieux à risque à Montréal afin de les faire participer au marathon pour qu'ils en tirent des leçons précieuses qui leur serviront toute leur vie. À sa plus grande surprise, Achaymaa a été choisie pour faire partie de la cohorte 2011. Une superbe aventure l'attendait.

Quand elle a annoncé à ses parents qu'elle entendait participer au marathon, ils n'ont pas sauté de joie. « Ils craignaient surtout pour mes études. J'étais en cinquième secondaire et j'avais beaucoup de devoirs. Ils étaient sceptiques. J'ai voulu leur montrer que j'étais capable de réussir. »

Elle a failli se raviser lors de la première séance d'entraînement de groupe. « C'était tellement difficile. On devait courir 10 minutes. Je ne pensais à rien, je souhaitais simplement que ça finisse. C'était déjà un dépassement. »

Peu à peu, son corps s'est adapté. Peu à peu, elle a réussi à se tailler une place au sein du groupe, à s'exprimer. « Au départ, certains me regardaient de travers parce que j'étais voilée. Je ne voulais parler à personne. » Au fil des mois, le groupe a rapetissé. De 40 coureurs, il est passé à 18. Les liens se sont soudés. Le mardi et le jeudi, elle s'entraînait seule à la maison. Le dimanche matin, elle prenait son vélo et roulait pendant 40 minutes, afin de rejoindre le groupe au centre Pierre-Charbonneau. « On courait en chantant du Céline Dion et des chansons pour enfants. On a eu beaucoup de plaisir. Quand tu partages ces beaux moments, ça rapproche. »

Elle parle d'un sentiment d'appartenance unique, très fort. « Ce qu'on ressent avec Étudiants dans la course, on ne le ressent nulle part ailleurs. D'autres jeunes de mon âge ont fait les mêmes efforts que moi, ont souffert en même temps que moi, ont ressenti la même chose que moi. C'est une camaraderie qui s'installe, difficile à décrire. C'est beau, ça fait du bien. »

En fin de compte, chacun a réussi son défi : compléter les 42,2 km du marathon de Montréal. Non sans peine. « J'étais très nerveuse au départ, j'avais peur. » À mi-parcours, son père l'attendait. Il ne croyait pas qu'elle se rendrait jusque-là et il le lui a dit. « Ses mots m'ont blessée, mais il était fier de moi et il avait les larmes aux yeux. J'avais une grosse boule dans la gorge, mais je devais continuer. » Sur son vélo et en marchant, le père a suivi sa fille jusqu'à la fin. À l'arrivée, il a appelé sa famille au Maroc pour partager sa joie.

L'extase de la course, intense et passagère, a cédé la place à une déprime inattendue, persistante. Achaymaa ne comprenait pas ce qui lui arrivait. « Je broyais du noir, j'étais tout le temps triste, je pleurais souvent. » Plus rien ne l'allumait, pas même ses études collégiales en art, une passion. Elle a demandé de l'aide. On lui a parlé de la dépression post-marathon. Elle ne connaissait pas. « Mon corps avait dupliqué la douleur ressentie et l'avait transposée dans ma tête. C'était aussi le deuil de toutes ces émotions vécues. Ça m'a pris trois mois à m'en remettre. » Pourtant, elle recommencerait sans hésiter.

Une musulmane dans la course

Lorsqu'elle court, Achaymaa attire immanquablement les regards, de l'étonnement, de la curiosité, parfois du mépris. Elle est musulmane. Elle court avec un voile, les bras et les jambes toujours couverts. Elle est née au Québec, ses parents sont d'origine marocaine, et elle est l'aînée de trois filles. Aucune femme ne court dans sa communauté. « Une femme voilée qui court, c'est plutôt rare », admet-elle. À peine une poignée à Montréal. Elle est consciente de son statut marginal et ça ne la gêne pas, au contraire.

« Je fais quelque chose de spécial, ce que personne n'a fait dans ma communauté. Mes proches m'encouragent, ils disent que j'offre une bonne image qui aidera à combattre les préjugés envers les musulmans. C'est un fardeau qui est parfois lourd à porter. Je dois faire attention à ce que je dis, à ce que je fais. Je dois faire attention de ne pas trébucher sur d'autres coureurs. Ça pourrait être mal interprété. »

Des inconnus croisés sur la rue ont déjà formulé le souhait qu'elle se fasse écraser par une voiture. D'autres lui ont dit de retourner chez elle. Mais elle ne s'attarde pas à ça. Elle se réjouit plutôt d'une femme qui l'a reconnue après une course et l'a félicitée ou de cet homme musulman qui l'a saluée à l'entraînement. « Il m'a dit en arabe : " Dieu est grand. " J'apporte de la fierté. Je suis contente qu'on reconnaisse ma contribution. »

Courir avec un voile comporte ses petits désagréments qu'on apprend à gérer. « Je cours avec un voile léger qui respire, pas un châle. » Il arrive néanmoins que des épingles se détachent ou que le chignon s'ouvre. Un voile de course vient d'être lancé sur le marché. Elle compte bien se le procurer. Elle a aussi appris à gérer la chaleur. Même au cours d'une canicule, elle court vêtue de la tête aux pieds.

Achaymaa a même fait le ramadan, juste avant le marathon. S'entraîner l'estomac dans les talons est moins exténuant qu'il n'y paraît, souligne-t-elle. On lui imposait néanmoins un entraînement allégé. « Je courais en soirée, juste avant de manger. Je ne sentais pas mes jambes lourdes, au contraire. J'étais légère. J'étais tout le temps de bonne humeur. Ça fait du bien. » Le pire, c'est la soif, précise-t-elle, surtout quand il fait chaud. La bouche sèche, elle s'efforce alors de penser à autre chose.

Le ramadan terminé, elle a continué de courir l'estomac vide. Elle mange uniquement lorsque le soleil est couché, ramadan ou pas. « Je ne m'empiffre pas, je mange des fruits et des légumes. Je prends soin de moi. »

Le plaisir de courir

Achaymaa rêve de courir un second marathon, mais pas maintenant. Elle manque de temps. Ça viendra. En attendant, elle court tout de même, pour son plaisir, pour sa santé. « Quand je cours, je ressens immédiatement une détente, le stress qui s'en va. Lorsque je vais à mon rythme, que j'ai tout ce qu'il me faut, tous les soucis s'envolent. » Elle dort mieux. « Avec l'école, j'avais des problèmes de sommeil. La course m'a aidée à me calmer. »

« Courir apporte une confiance en soi, une meilleure perception de soi et de son image. On apprend aussi à mieux accepter la souffrance. Ça nous rend plus fort, ça raffermit la personnalité. Et puis, il y a cette glande qui sécrète des endorphines. C'est naturel, plaisant. L'important, c'est de s'amuser. »

Elle participe à l'occasion à des compétitions, avec Étudiants dans la course, mais jamais elle ne se fixe d'objectifs. Un stress qu'elle juge inutile. « J'essaie de me vider la tête. » Quand ça va moins bien en course, comme c'est arrivé à la fin de son marathon, elle récite des mantras. Son préféré : « Si tu as les jambes pour, alors cours. » Elle pense aussi à du chocolat. Des montagnes de chocolat. Et aussi, bien sûr, à son papa.

LA BONNE POSTURE

Chaque coureuse a sa propre foulée. Qu'elle soit élégante ou légèrement chaotique, il n'est pas toujours opportun de la changer. « On ne doit pas trop se casser la tête avec la posture, c'est une erreur d'essayer de corriger sa foulée à tout prix, indique Guy Thibault. Certains coureurs, qui semblent courir très mal, sont très efficaces. » D'ailleurs, on trouve tous les types de foulées chez les coureurs les plus rapides. On n'a qu'à penser à la célèbre coureuse Paula Radcliffe dont la foulée en fin de course n'est pas très élégante !

Mains
Les mains devraient être détendues, ouvertes. Des mains qui s'agitent ou, à l'inverse, des poings serrés ne sont pas indiqués.

Pieds
On ne doit pas attaquer de la pointe du pied, pas plus que du talon. Idéalement, on atterrit le pied à plat ou légèrement derrière la plante et on laisse rouler doucement le pied de la plante aux orteils. On évite de lacer sa chaussure trop serrée.

Jambes
La majorité des coureurs ont une trop grande foulée. On doit chercher à réduire l'amplitude de la foulée. « Pour diminuer le risque de blessures et être plus efficace, on adopte une cadence d'environ 180 pas/min, soit 3 pas/s », conseille Blaise Dubois, physiothérapeute. ***Attention !*** Cette cadence est probablement trop élevée si on court lentement.

Yeux

Le regard devrait être porté loin devant. Si l'on regarde par terre, le poids de la tête, trop vers l'avant, crée une pression inutile sur le cou.

Nez

On entrouvre la bouche et on respire par le nez et la bouche naturellement. « Des coureurs croient à tort qu'il est préférable d'inspirer à fond aux deux ou trois foulées, mais cela les essouffle inutilement », note François Lecot. Le corps s'adapte bien à l'effort, l'organisme dictera instinctivement le rythme respiratoire. Alors, respirons sans y penser.

Épaules

« Au fur et à mesure d'une course, la tension monte dans mes épaules. Je suis toute bloquée et les mouvements de mes bras sont moins amples. Si je relâche mes épaules, je sais que mes bras bougeront mieux », dit Isabelle Ledroit, coureuse élite.

Bouche

« J'ai pris l'habitude de sourire quand je cours. Ça donne un signal à ma tête que tout va bien et cela fonctionne. J'ai pris ce truc du yoga », indique Peggy Labonté, coureuse élite.

Torse

« On devrait adopter une attitude grande, pas assise, le corps légèrement penché vers l'avant », conseille Martin Fontaine. La tête, le tronc et les hanches sont de préférence alignés, le bassin en position neutre.

Bras

« Le balancier des bras agit comme une locomotive, il détermine la vitesse des jambes. La main devrait passer vis-à-vis du haut du bassin », dit Martin Fontaine, entraîneur. Détendus, les coudes devraient être fléchis à 90 degrés.

POUR UNE COURSE RÉUSSIE, DIX CLÉS VERS LE SUCCÈS

1 S'inscrire tôt

Il était autrefois possible de s'inscrire quelques heures avant une course. Plus maintenant. Certaines courses affichent complet plusieurs mois à l'avance. Dès que l'on a un objectif en tête, on devrait s'inscrire aussitôt. De plus, selon les épreuves sélectionnées dans la saison, on pourra adapter son entraînement en fonction du terrain et de la distance choisis. Autre avantage : plus on s'inscrit tôt, plus on bénéficie d'un tarif avantageux.

2 Prévoir une période d'affûtage

« L'affûtage consiste à réduire le volume d'entraînement avant la course pour permettre au corps de récupérer et de mieux performer au moment voulu », explique François Lecot. Si on réduit le volume, pas question cependant de réduire l'intensité. « Il a été démontré que les phases d'intensité doivent correspondre à la vitesse que l'on prévoit courir en compétition. » Selon la distance parcourue, la période d'affûtage (*tapering*) dure de une à trois semaines. « Les coureurs négligent souvent cette période parce qu'ils craignent de perdre leur condition physique. Si c'est bien planifié, c'est plutôt le contraire qui se produit. »

3 Préparer son équipement

Quelques jours avant la course, il faut s'assurer d'avoir lavé les vêtements que nous souhaitons porter, de s'être procuré boissons et gels s'il y a lieu, de s'être informée de l'itinéraire et de la logistique (navettes, points de ravitaillement, etc.) et d'être allée chercher son dossard. La veille, tout doit être à portée de main : portefeuille, clés, dossard, vêtements, ceinture d'hydratation, casquette. « La journée avant une course, je suis tellement stressée que je suis à peine fonctionnelle. Alors, je prépare tout et j'en profite ensuite pour me changer les idées », confie Myriam Grenon, coureuse élite. Avoir le pied dans la porte, prête à monter en voiture, et réaliser qu'on a égaré son dossard ? De quoi faire grimper inutilement son niveau de stress !

4 Prendre soin de soi

Chaque course est un événement important dans notre saison, non ? « Dans les jours qui précèdent une course, on devrait s'occuper de soi : mettre la touche finale à l'entraînement, bien dormir, bien manger et bien s'entourer », conseille Bruno Ouellette, psychologue sportif. Pourquoi ne pas en profiter pour se faire masser ? Le massage doit alors être léger : il ne faut surtout pas être courbaturée !

5 Faire le plein de carburant

Le souper de pâtes, la veille d'une compétition, est une tradition pour bien des coureurs. Pourquoi ? Les glucides (transformés en glycogène) sont la principale source d'énergie des muscles. On les trouve notamment dans les céréales, les fruits et jus de fruit. Il a été démontré que, lorsque ingérés avant un effort de longue durée, ils aident à la performance en endurance. Il est d'ailleurs suggéré d'entreprendre une surcharge en glycogène trois jours avant la course. Les glucides doivent alors compter pour jusqu'à 80 % de l'énergie consommée. C'est énorme !

À noter ! La surcharge en glycogène est indiquée en prévision d'un effort soutenu d'une durée minimale de 60 minutes (demi-marathon et marathon), afin de limiter la baisse de son stock de glycogène. Si on participe à une épreuve de 10 km ou moins, une alimentation équilibrée – ce n'est pas le temps d'adopter la diète Atkins ! – répond généralement aux besoins. Inutile de s'empiffrer de pâtes.

6 Oublier les nouveautés

« Lors d'une course, on devrait s'en tenir à ce qu'on connaît. On n'introduit pas de nouveaux aliments à son petit-déjeuner si on ne les a pas testés à l'entraînement. À cause du stress, le système digestif peut devenir capricieux », indique François Lecot. Il faut aussi éviter de porter de nouveaux vêtements, qui peuvent se révéler inconfortables, et, surtout, ne pas porter de chaussures achetées la veille ! Il est préférable de miser sur des valeurs sûres.

7 Arriver à l'avance

Voilà un excellent moyen de faire baisser la tension. On mange environ trois heures avant la course et on se présente sur le site une heure avant le départ (on a ainsi une marge de manœuvre s'il nous arrive un pépin en route !). On se familiarise avec le milieu, on échange avec d'autres coureurs. « J'arrive toujours tôt, dit Isabelle Ledroit, coureuse élite. Comme j'ai à tout coup des papillons dans le ventre, j'en profite pour faire un jogging léger, des accélérations. Ça me donne le temps d'aller aux toilettes plusieurs fois et de me calmer en écoutant de la musique. » La recette fonctionne : elle a terminé troisième au 10 km de la Classique du parc Lafontaine en 2012.

8 Opter pour la simplicité

Si on en est à sa première course, on devrait simplement se concentrer sur le plaisir de participer, de s'initier. « On ne devrait pas miser sur les résultats, mais sur l'expérience », dit François Lecot. Le psychologue Bruno Ouellette ajoute que, « si cela ne se passe pas comme prévu, on oublie le chrono et on profite du moment au lieu de s'en faire ou d'abandonner ».

9 Se méfier de l'effet de foule

Bien des coureurs, surtout les débutants, se font prendre au jeu et démarrent sur les chapeaux de roue, emportés par la frénésie de la foule. Mais la machine finit par manquer d'essence et rouler sur la réserve de secours. « Il ne faut pas oublier que, sur la ligne de départ, le coureur est toujours seul, malgré la foule qui l'entoure. On ne doit pas se fier aux autres », dit Monique Saint-Cyr, 68 ans, coureuse depuis 34 ans.

10 User de la force des mots

« En utilisant des mots qui résonnent pour nous ("j'ai hâte !", "je suis capable", "j'aime courir"), on place notre cerveau en mode positif avant la course », dit Bruno Ouellette. C'est une méthode qui peut aider à réduire le trac. Avant et pendant une course, Isabelle Ledroit se parle beaucoup. Elle visualise aussi. « J'imagine le parcours, la fin de la course, les accélérations que je peux faire. Une course réussie, c'est quand j'ai l'impression d'avoir donné tout ce que j'avais et d'avoir fait tout le nécessaire pour me préparer. »

CÉLÉBRER LE MOMENT PRÉSENT

Mélanie Amyot, 32 ans, Montréal

Les jours de course de Mélanie sont comptés, elle le sait. Ses jambes flancheront-elles dans 1 an, 5 ans ou 10 ans ? La réponse est en suspens, elle a appris à vivre avec une épée de Damoclès. Sa vie est incertitude. Mélanie a la sclérose en plaques depuis 10 ans et elle ne répond à aucun médicament. Elle peine parfois à marcher, même à se tirer du lit. Sa canne n'est jamais loin. Dès qu'elle le peut, pourtant, elle court. C'est sa passion, sa façon à elle de célébrer le moment présent.

« Je suis une accro de la course à pied. Je suis incapable d'arrêter. Je cours parce que ça me sauve la tête, que ça me fait du bien. J'entends le tic-tac et ça accentue mon plaisir de courir. J'en profite à fond », confie-t-elle. D'ailleurs, elle compte aller courir au parc Stanley, à Vancouver, le paradis des coureurs. Elle rêve d'un jogging léger avec la vue sur la mer et les montagnes aux cimes enneigées. « Je sens l'urgence, je dois y aller avant qu'il ne soit trop tard. »

Mélanie a de nouveaux symptômes qui l'inquiètent. Une plaque s'est formée, affectant sa hanche droite. Si elle ne se résorbe pas, elle craint le pire. Sa jambe gauche est déjà lourdement atteinte. De plus, les poussées de symptômes durent plus longtemps maintenant, jusqu'à deux mois, pour un mois de répit, et ainsi de suite. « J'aimerais avoir des pauses un peu plus longues pour souffler. Ça devient ardu à gérer. »

Durant les crises, sa jambe gauche, affaiblie, répond mal. Mélanie sort sa canne du placard. « Du jour au lendemain, monter l'escalier devient compliqué, marcher longtemps est impossible. Je manque de coordination et je traîne la patte, surtout lorsque les surfaces sont inégales. La canne, c'est aussi mon "triangle orange", signe que je suis un véhicule lent dans un monde de F1. »

Les spasmes musculaires et la douleur se sont ajoutés à la liste des manifestations. Une douleur lancinante, comme une brûlure vive. « Je ne tolère pas les vêtements. Me brosser les cheveux devient une torture. Prendre ma douche aussi », dit-elle. Pour bénéficier de l'effet analgésique des endorphines, elle sort parfois courir 30 minutes avant de faire sa toilette. « La douleur est atténuée et je peux me préparer sans hurler. » Heureusement, la douleur n'est pas toujours là.

Le pire, c'est la fatigue. « C'est comme si on plantait un tuyau dans mon dos et qu'on en tirait toute mon énergie. Je me sens coulée dans le plomb, si lourde. Dans les pires journées, j'ai de la difficulté à me rendre du salon à la cuisine. Je dois préparer les repas assise. Je n'ai pas de concentration, je suis même incapable de lire. » Ces jours-là, elle ne court pas. Parfois, c'est comme ça pendant trois jours. Parfois plus.

Quand les symptômes sont plus légers, elle court une journée sur deux. C'est sacré. « Je cours ridiculement lentement, mais j'y tiens. Ça me permet de garder ma forme et de ne pas repartir à zéro après chaque crise. C'est ma physiothérapie, je sais que ça aide mes jambes à rester fortes. » Même si elle a un moral d'enfer, elle sait qu'elle risque de faire une dépression, maladie souvent associée à la sclérose en plaques. « Si j'arrête de courir pendant un moment, je deviens agressive, maussade, et je déprime. Ma tête ne va plus. Courir est la dernière chose que je vais mettre de côté », dit-elle.

Construire sa vie autour de la maladie

Il y a 12 ans, Mélanie a fait, sans le savoir, connaissance avec la maladie. Elle s'est réveillée un matin, les pieds engourdis, puis cette sensation s'est propagée jusqu'aux genoux, aux cuisses et à la taille. L'engourdissement persistait. On m'a dit qu'il pouvait s'agir d'une inflammation virale de la moelle épinière ou des premiers signes de la sclérose en plaques. Pour recevoir un diagnostic officiel, il faut avoir fait deux crises distinctes.

« J'avais cette possibilité dans le collimateur, alors j'ai voyagé. J'ai visité l'Irlande, l'Espagne et la France, sac au dos. J'ai fait mes *trips* de jeunesse. » Puis, la seconde crise est survenue deux ans après la première. Plus intense.

« J'étais engourdie jusqu'à la poitrine, j'étais très fatiguée et je n'avais plus de force dans les bras. Ma vessie a temporairement cessé de fonctionner. » Une manifestation classique de la maladie, lui a dit son neurologue. Comme dans les livres de médecine. Sauf pour la médication. « Ils ont tout essayé et je suis un mystère pour eux. Je dois gérer la maladie comme on le faisait il y a 10 ans, avant la découverte de médicaments efficaces. »

La maladie est incurable. Le système immunitaire déréglé attaque l'enveloppe des nerfs. Lorsqu'elle est contrôlée, les symptômes peuvent être allégés et on peut vivre normalement, sans trop d'inconfort. Pas Mélanie. On lui a prescrit une médication habituellement destinée aux greffés, mais elle ne tolère que des doses minimes. Ça l'aide tout de même un peu, dit-elle.

« Certains s'écrasent devant la maladie, en attente. On ne sait pas à l'avance si ça restera léger ou si ça dégénérera. À 22 ans, je ne voulais pas arrêter de vivre. » Elle a quitté un emploi de bureau qui ne lui convenait pas et elle est devenue massothérapeute, comme elle l'avait si longtemps désiré. « J'ai appris à construire ma vie autour de la maladie pour que la maladie ne gère pas ma vie. » Mélanie aborde chaque journée avec une étonnante légèreté. Son optimisme est contagieux.

Courir à tâtons

Mélanie a commencé à courir en 2009, après avoir marché pendant six mois à l'aide d'une canne. Elle s'est juré que, si elle retrouvait un jour l'usage de ses jambes, elle courrait. Ce qu'elle a fait dès qu'elle a pu laisser la canne. « J'y ai pris goût. Rapidement, je courais 5 km quatre fois par semaine. J'ai couru 250 km dans mon été. J'étais émerveillée. » Tellement qu'elle s'est présentée dans le bureau de son neurologue, déjà stupéfait qu'elle ait commencé à courir, en lui annonçant qu'elle comptait faire un marathon. Elle voulait courir la distance mythique pour célébrer son trentième anniversaire. « Ma moelle épinière n'est pas assez solide, c'est trop exigeant. Il m'a permis de m'entraîner pour le 21,1 km. » Depuis, elle a pris part à trois demi-marathons.

Mélanie est un casse-tête pour les entraîneurs. Aucun programme standard ne lui convient. Elle s'entraîne à tâtons, comme elle le sent. « Je suis toujours en questionnement, à chercher où je dois tracer la ligne. Si je pousse trop lors de l'entraînement par intervalles, ma jambe faiblit et ne suit plus. Jusqu'où est-il sage de courir? Je suis très à l'écoute de mon corps. » Parce qu'elle manque d'équilibre, elle porte des crampons l'hiver. L'été, elle évite de courir pendant les canicules, car la chaleur exacerbe les symptômes de la maladie.

Malgré tout, elle prend un réel plaisir à courir. « Je m'amuse. Quand je vais bien, j'améliore mes temps et ça me frustre, parce que je me dis que, si ce n'était pas de la maladie, je serais plutôt rapide. Mais je ne cours pas pour le chrono, je cours parce que j'aime ça. » Il lui est déjà arrivé de terminer dernière lors d'une course. « Ils ouvraient les rues derrière moi. J'en ris, je n'ai pas d'orgueil pour ça. L'important pour moi, c'est de franchir la ligne d'arrivée. J'ai l'avantage d'être une locomotive: je pars lentement, mais dès que j'ai atteint ma cadence, je peux rouler longtemps. »

Elle a la chance de n'être que légèrement atteinte par la maladie, elle est « encore fonctionnelle », dit-elle. Mais le jour viendra où ça changera. « Quand on me dira que je dois arrêter de courir, ce sera un grand deuil », souligne-t-elle. Le premier deuil de plusieurs, craint-elle, comme celui du travail, de la marche. « Ce sera des bouts durs à passer. » Pour l'instant, elle préfère ne pas y penser et elle court, rayonnante, pour « faire un pied de nez à la sclérose en plaques ».

3

Courir sans risques

Aussi bénéfique pour la santé soit-elle, la course à pied peut devenir un vrai supplice. Inconforts, bobos et blessures sont le lot de bon nombre de coureuses. Leur bête noire. De 30 à 80 % des adeptes de la course se blessent chaque année, signale le physiothérapeute Blaise Dubois. N'allons pas croire que les femmes sont plus fragiles que les hommes ! Néanmoins, nous sommes plus susceptibles de souffrir de certains maux et blessures. Soyons rassurées, la plupart des pépins peuvent heureusement être évités. Faut-il souffrir pour courir ? Absolument pas !

LES MAUX ET BLESSURES : PRÉVENIR ET AGIR

1 La fasciite plantaire

Il s'agit d'une inflammation de l'enveloppe du tendon qui soutient la cambrure du pied (le fascia plantaire). Elle survient généralement après 45 ans et de façon plus marquée chez les femmes. Les femmes enceintes et les personnes obèses sont aussi à risque. Environ 1 % de la population est touchée, et jusqu'à 10 % des coureurs.

Causes Surplus de poids; problème biomécanique (pieds plats); chaussures inadéquates.

Symptômes Tension et douleur sous le pied, plus intense le matin au lever ou après l'exercice.

Prévention Exercices de flexibilité du pied, du tendon d'Achille et du mollet; port de chaussures adéquates (orthèse parfois suggérée); contrôle du poids si obésité.

Traitement Glace (après l'effort); analgésiques simples ou anti-inflammatoires pour une courte durée (cinq à sept jours); exercices de rééducation; activités physiques avec moins d'impact au talon; parfois injections de cortisone; attelles de nuit; chaussures avec talon d'un pouce; talonnette en gel; traitement par ondes électromagnétiques (rare) (la guérison peut être lente et prendre plusieurs mois).

2 La fracture de stress (ou de fatigue)

Lorsque l'os est sollicité de façon trop répétitive, il subit un stress important qui l'empêche de se remodeler convenablement. Il se fragilise et il y a fracture de son enveloppe. Cette fracture peut aussi survenir à la suite d'un traumatisme unique. En course, environ la moitié des fractures de stress surviennent au tibia, et le quart aux métatarses (os longs du pied). Selon un sondage réalisé par des chercheurs américains auprès de coureurs récréatifs en 1990, les femmes ont légèrement plus de risques d'en souffrir que les hommes (13 % contre 8 %). L'écart homme/femme semble être plus marqué chez les athlètes de haut niveau et les militaires, mais les études se contredisent.

Causes « La fracture de stress survient généralement si l'entraînement progresse trop rapidement, s'il y a un changement technique soudain, un problème biomécanique ou si le rythme des compétitions est trop soutenu », explique Mireille Belzile, médecin du sport. Le risque augmente jusqu'à trois fois chez les femmes dont les menstruations sont irrégulières et lorsque l'alimentation est déficitaire (conditions souvent associées à une faible densité osseuse).

Symptômes Douleur et sensibilité de localisation précise (1 cm); parfois œdème; bosse au toucher. La douleur se présente d'abord à la fin d'un entraînement et tend, peu à peu, à apparaître plus tôt lors de l'effort, selon la docteure Mireille Belzile. Très localisée, la douleur s'intensifie dès qu'on met du poids sur la jambe et elle survient au repos, même la nuit. « Si on n'agit pas, elle peut se transformer en fracture complète », dit la spécialiste.

Prévention On doit s'assurer d'avoir un apport suffisant en vitamine D et en produits laitiers, d'augmenter progressivement la durée et l'intensité des entraînements et d'inclure des périodes de récupération.

Traitement Repos (décharge de la zone atteinte) de quatre à huit semaines; entraînement en piscine, sur vélo stationnaire ou autre; pommade anti-inflammatoire; exercices de rééducation; chirurgie (rare).

3 L'incontinence urinaire

Selon l'Association des obstétriciens et des gynécologues du Québec, près de 65 millions de femmes souffrent d'incontinence urinaire à l'effort. D'après diverses études, environ un tiers des sportives souffrent de ce problème (la moitié chez les 65 ans et plus). Celles qui ont vécu une grossesse présentent plus de risques, mais les fuites surviennent également chez les nullipares.

La course à pied, comme l'haltérophilie et la danse aérobique notamment, fait partie des sports à risque. « Les sports avec impacts ou qui créent une pression très élevée dans l'abdomen font en sorte que le sphincter de l'urètre, qu'on peut assimiler à un robinet qui contrôle l'ouverture ou la fermeture de la vessie, ne peut résister », explique Martine Duclos, professeure des Universités, praticienne hospitalière, chef du Service de médecine du sport au CHU de Clermont-Ferrand, endocrinologue et physiologiste.

À noter ! L'incontinence urinaire peut être accompagnée d'une descente de vessie, bien que les deux phénomènes soient distincts (*voir encadré à la page 87 : « La course et la descente d'organes »*).

Causes Affaiblissement des muscles du plancher pelvien (qui contrôlent l'urine et les selles); descente de vessie; plus rarement, faiblesse du sphincter urinaire.

Symptômes La pression soudaine sur l'abdomen lors d'un effort (il suffit parfois d'un éternuement ou d'un éclat de rire) déclenche une perte urinaire involontaire. Le problème est dérangeant, si gênant même qu'il mène parfois à l'abandon de l'activité physique.

Prévention Exercices réguliers du plancher pelvien; pas d'exercices abdominaux avec hyperpression abdominale (type *crunch*).

Traitement Rééducation du plancher pelvien; médication; accessoires externes ou internes (tampons, pessaires); chirurgie. Lorsque les exercices du plancher pelvien (exercices de Kegel) sont faits régulièrement pendant plusieurs semaines, le contrôle urinaire peut être amélioré jusqu'à 75 %. Comme il peut y avoir récidive, il importe de poursuivre ces exercices même après l'amélioration de la condition.

4 Les irritations vulvaires et les démangeaisons vaginales

Il s'agit de problèmes rares et généralement sans gravité qui, chez certaines coureuses, peuvent néanmoins devenir handicapants. Les femmes à la peau sensible présentent plus de risques.

Causes « La friction répétée du mouvement des cuisses, surtout si elles sont larges, et l'humidité peuvent causer de l'irritation et des démangeaisons », note Mireille Belzile, médecin du sport. La dermatite de contact (irritation) peut favoriser l'apparition d'une infection à champignons (vulvite, vaginite).

Symptômes Rougeurs, douleurs ou démangeaisons aux organes génitaux, particulièrement à l'effort, qui persistent parfois après.

Prévention On préfère les sous-vêtements de sport avec polyester qui respirent. On évite la culotte de coton (qui garde l'humidité) et colorée, le *thong* (*g-string*) et le short trop serré. Après l'exercice, on retire ses vêtements et on se douche sans attendre. On évite les savons et mousses de bain parfumés, et on préfère les tampons aux serviettes hygiéniques (ou on les choisit en coton non blanchi).

Traitement Si l'on est irritée, on applique une couche de gelée de pétrole ou d'onguent à base de zinc avant d'aller courir. La peau sera protégée comme celle d'un bébé ! (Attention : l'onguent peut tacher les sous-vêtements.) Si la douleur est aiguë, un médecin prescrira une pommade à base de cortisone. Dans les cas de vulvite ou de vaginite, on utilise des agents antifongiques topiques.

La course et la descente d'organes

La course à pied ne provoque pas de descente d'organes. Sa pratique peut néanmoins l'aggraver et accentuer l'inconfort qui lui est associé, précise la docteure Martine Duclos. La descente d'organes (ou prolapsus génital) est la descente à l'extérieur de l'abdomen des organes pelviens, tels la vessie, l'utérus et le rectum.

Conséquence directe de l'affaissement du plancher pelvien (périnée), elle survient habituellement chez des femmes qui ont accouché plusieurs fois, qui souffrent de constipation, de toux chronique, qui exercent un métier qui exige de soulever régulièrement des charges lourdes. Les risques augmentent avec l'âge, après la ménopause. La moitié des femmes ayant accouché auraient un prolapsus génital, et environ 15 % d'entre elles seraient symptomatiques, selon l'ouvrage de référence *La femme sportive* (2010).

Selon la gravité de la ptose, on peut sentir une boule, une pesanteur pelvienne ou avoir des fuites urinaires. Cela dit, le prolapsus peut survenir sans incontinence urinaire à l'effort et l'incontinence peut se présenter sans descente d'organes.

Malheureusement, la course à pied est un sport à risque pour la statique pelvienne, tout comme la danse aérobique et la gymnastique. À chaque impact, le plancher pelvien supporte une force d'au moins trois fois le poids corporel.

Chez les femmes qui présentent peu ou pas d'inconfort lié au prolapsus, le renforcement périnéal est souvent suffisant pour résoudre le problème. Si la ptose et l'inconfort sont prononcés et que la rééducation s'avère inefficace, la course peut alors être contre-indiquée, souligne la docteure Duclos. Le recours à un dispositif intra-utérin (type tampon hygiénique), à un pessaire (un dispositif qui maintient les organes en place) ou à la chirurgie, peut être nécessaire.

Comment protéger son plancher pelvien ? Difficile tâche puisque l'affaissement est multifactoriel. On peut néanmoins minimiser les risques en évitant le tabagisme et l'obésité et, surtout, en tonifiant les muscles périnéaux dès le jeune âge avec des exercices appropriés. « Les femmes auraient avantage à apprendre jeunes à muscler leur périnée tout en le protégeant. Pour renforcer les abdominaux en améliorant le tonus du périnée, on devrait favoriser les exercices de stabilisation sur ballon ou Pilates », note Mireille Belzile, médecin du sport.

Attention ! À tout âge, les femmes devraient éviter d'effectuer des exercices abdominaux traditionnels (*crunchs*) particulièrement nocifs pour le périnée.

5 La périostite

La périostite (ou *shin splint*) est très courante chez les coureurs, surtout chez les débutants ou en début de saison. On court trop souvent, trop vite, trop longtemps ! Il s'agit d'une inflammation du périoste, un tissu qui recouvre la surface de l'os. Si elle n'est pas soignée, elle peut se transformer en fracture de stress.

Causes Problème biomécanique (pieds plats ou creux); entraînement inadéquat; changement de surface ou de chaussures; faiblesse musculaire; manque de proprioception.

Symptômes Douleur étendue sur la face intérieure du tibia (parfois à l'extérieur) et surtout à l'effort, parfois diminuée au cours de la course rapide; sensibilité à la palpation.

Prévention Port de chaussures adéquates; programme d'entraînement progressif; exercices musculaires.

Traitement Repos; analgésiques simples ou anti-inflammatoires pour une courte durée (cinq à sept jours); exercices de rééducation; chirurgie (rare) si récidives fréquentes.

! Une phobie des vestiaires

Sommes-nous toutes à l'aise de nous dénuder dans les vestiaires ? Pour certaines femmes, le manque d'intimité dans les vestiaires crée un grand malaise, voire de l'anxiété sévère. Elles se sentent vulnérables, jugées sur leur image, si bien que, selon une étude de l'Université de l'Alberta, cela peut être un motif suffisant pour éviter le gym. La danse de la serviette, vous connaissez ? Les femmes qui fréquentent les salles d'entraînement seraient particulièrement préoccupées par leur apparence, selon des chercheurs de l'Université de Toronto. Une bonne raison de courir à l'extérieur, non ?

Source : *The Globe and Mail*, 22 avril 2012.

6 Les problèmes digestifs

Des ballonnements incommodants durant la course ? Une envie soudaine d'aller aux toilettes ? Plus du tiers des coureurs se plaignent de problèmes digestifs durant la course. Les maux d'estomac affectent davantage les débutants, tandis que les troubles intestinaux sont généralement le lot des coureurs de longue distance. Dans le tiers des cas, les pépins digestifs handicapent la performance.

Causes « Les désordres gastriques sont propres aux sports qui comportent des sauts, car le système digestif est affecté par les vibrations », indique Marielle Ledoux, directrice du Département de nutrition de l'Université de Montréal. À l'effort, la circulation sanguine, optimisée vers les organes vitaux et les muscles, est réduite (jusqu'à 80 %) dans le tube digestif. L'acidité habituellement évacuée dans le sang affecte la muqueuse et l'eau est moins bien absorbée. La vidange gastrique est ralentie et la sécrétion d'hormones digestives, augmentée.

Symptômes On parle notamment de nausées, de ballonnements, de brûlures d'estomac, de spasmes coliques et de diarrhée. « Lorsqu'il y a déshydratation, les intestins tolèrent moins la friction et il peut y avoir des saignements », souligne Mireille Belzile.

Prévention On prend son repas au moins trois heures avant l'épreuve. « Pour les gens sensibles, il vaut mieux éviter de manger durant la course et plutôt boire du liquide en petites quantités. Dès qu'on boit trop, il y aura inconfort », note la nutritionniste Marielle Ledoux. On préfère les gels aux bananes souvent offertes sur les parcours. Le stress de la course peut aussi occasionner des diarrhées. « On réduit alors son apport en fibres pendant au moins 24 heures (mieux encore, 48 heures) avant la course. » On évite l'alcool, le café et les mets épicés ainsi que les anti-inflammatoires.

Traitement En cas de de diarrhée et de vomissements, l'arrêt de la course est indiqué pour éviter la déshydratation. Si les problèmes persistent malgré toutes les précautions, un pansement gastro-intestinal pourra être prescrit.

7 Le syndrome fémoro-rotulien (fémoro-patellaire)

Irritation du cartilage entre le fémur et la rotule. Un quart des athlètes en souffrent un jour ou l'autre.

Causes Entraînement trop intense; problème biomécanique (pieds plats ou creux, torsion tibiale, asymétrie des membres inférieurs); déséquilibre musculaire. « On retrouve ce syndrome surtout chez les femmes, et en particulier chez les adolescentes. Parce que le bassin est plus large, l'angle entre le fémur et le tibia est problématique et provoque des frictions sous la rotule », indique Mireille Belzile.

Symptômes Douleur parfois aiguë à la face antérieure du genou ou douleur vague à tout le genou après l'effort. Avec le temps, la douleur s'intensifie et est présente durant l'effort. Elle devient aussi perceptible en descendant l'escalier et même au repos (en position assise). Parfois, on entend de petits craquements.

Prévention Port de chaussures adéquates (une orthèse plantaire est parfois suggérée). « On peut prévenir le problème avec un programme d'entraînement progressif et une préparation musculaire adéquate. Des exercices de flexibilité peuvent aider », indique aussi la docteure Belzile.

Traitement Repos; analgésiques simples ou anti-inflammatoires pour une courte durée (cinq à sept jours); exercices de rééducation.

8 Le syndrome de friction de la bandelette ilio-tibiale

Il s'agit d'un type de tendinite du genou qui touche environ 5 % des coureurs. Il est aussi appelé « syndrome de l'essuie-glace ». La bandelette ilio-tibiale est un tendon mince et plat qui s'allonge sur la face externe de la cuisse, de la hanche au tibia. Elle s'attache en dessous de l'axe de rotation du genou. Au cours des mouvements de flexion-extension (comme en course à pied), la bandelette glisse sur la protubérance à la base du fémur, à l'extérieur du genou. La friction répétée cause une irritation de la bandelette.

Causes Problème biomécanique (pronation excessive); augmentation considérable du kilométrage; course en côtes; chaussures trop usées; manque de souplesse.

Symptômes La douleur s'installe très progressivement. On la perçoit à l'extérieur du genou, habituellement seulement à l'effort, et elle s'intensifie avec la distance. La douleur s'étend parfois jusque dans la cuisse et peut se manifester lorsqu'on descend des côtes.

Prévention Port de chaussures adéquates; programme d'entraînement progressif; exercices de flexibilité des muscles abducteurs de la hanche.

Traitement Repos; analgésiques simples ou anti-inflammatoires pour une courte durée (cinq à sept jours); exercices de rééducation; chirurgie (rare).

9 La tendinite du tendon d'Achille

Le tendon d'Achille, qui relie le mollet à l'os du talon, est sensible et très élastique. Il perd malheureusement de son élasticité avec l'âge et les risques d'inflammation sont alors augmentés. Il s'agit d'un problème fréquent chez les coureurs, qui peuvent mettre quelques années avant de s'en débarrasser complètement.

Causes Âge; problème biomécanique (pieds plats ou creux); tendons courts; manque de souplesse; surpoids; entraînement inadéquat; changement de surface (sable, montagne); chaussures inappropriées, usées.

Symptômes Douleur après la course; douleur occasionnelle le matin au réveil; douleur qui disparaît au repos; avec le temps, douleur en début d'entraînement et lorsque la fatigue s'installe; possible enflure; après un certain temps, douleur permanente; rarement, rupture du tendon.

Prévention Entraînement progressif; chaussures appropriées.

Traitement Étirements; anti-inflammatoires; repos; pose d'une talonnette dans le soulier.

BOBOS : QU'EST-CE QUI CLOCHE ?

L'acné

Des boutons d'acné peuvent apparaître avec la pratique de la course à pied (épaules, dos, poitrine). L'humidité, la friction du tissu sur la peau, la lotion à écran solaire et le maquillage peuvent favoriser l'apparition d'acné. Pour la prévenir, on assèche les zones sensibles immédiatement après la course et on se douche aussitôt que possible. On évite le maquillage avant la course et on privilégie une lotion à écran solaire non grasse.

Les ampoules

Un soulier mal ajusté, une sudation importante au niveau des pieds ou un entraînement par temps chaud et humide ou sous la pluie sont des conditions favorables à l'apparition d'ampoules. « Quand les ampoules sont là, on met un pansement pour éviter la friction et l'infection. On ne les crève pas, car elles finissent toujours par crever d'elles-mêmes. On peut favoriser la cicatrisation en appliquant de l'onguent de zinc », conseille Mireille Belzile.

Les crampes musculaires

Contraction involontaire et soudaine du muscle pendant ou après un exercice, la crampe cause une douleur localisée de quelques secondes. Elle n'est pas un symptôme de déshydratation, mais plutôt un signe de fatigue musculaire. Le phénomène est complexe et vient d'une mauvaise interprétation des signaux nerveux, explique Guy Thibault. Un échauffement convenable et un entraînement approprié peuvent aider à prévenir les crampes. On évite le café et l'alcool. Notre mollet nous fait le coup à chaque sortie ? Étirons-le doucement après l'échauffement et tout de suite après l'entraînement. Pour éliminer la crampe, on étire le muscle contracté sur-le-champ.

Les hallucinations

Selon la docteure Belzile, il peut s'agir d'un signe de coup de chaleur ou d'hypoglycémie. « Cela signifie que ça ne va vraiment pas bien et que la perte de conscience est imminente. On arrête immédiatement de courir. On boit. Si ça ne passe pas, on demande de l'assistance. »

Les irritations cutanées

Elles surviennent surtout par temps chaud et sont causées par la friction du vêtement en présence de sueur. Pour les prévenir, il est préférable d'opter pour un cuissard long plutôt que pour un short de course ou une jupe. On s'assure aussi d'avoir des vêtements bien ajustés et on applique de la gelée de pétrole ou une autre pommade vendue dans les boutiques spécialisées en course à pied.

Les nausées et les étourdissements

Voilà un signe probable de déshydratation et de coup de chaleur. « Avant de tomber par terre, on cesse de courir, conseille Mireille Belzile. On s'hydrate, on attend. Si le malaise disparaît, on reprend la course. On arrête à la moindre réapparition des symptômes. »

L'orteil noir

Disgracieux surtout dans de fines sandales l'été, l'orteil noir n'est pas dangereux. Il s'agit de petits saignements sous l'ongle qui frotte au bout du soulier. Quoi faire ? Maintenir les ongles courts et changer de chaussures si on soupçonne qu'elles sont trop petites ou mal adaptées à son pied.

Le point de côté

Fréquent chez les débutants, le phénomène n'est pas bien compris. Il s'agirait de la contracture du diaphragme qui survient lorsque l'effort suit de trop près le dernier repas ou que le corps n'est pas assez réchauffé. On ralentit la course ou on cesse de courir pour faire cesser l'inconfort. On peut aussi peser sur le point en respirant profondément.

Rappel : comment prévenir les blessures ?

- Porter des chaussures appropriées.
- Miser sur une progression lente, qu'il s'agisse de vitesse, de distance, de variation de surfaces ou de type de chaussures.
- Toujours faire un échauffement (marche ou jogging lent d'au moins 10 minutes).
- Faire des exercices de musculation.
- Se reposer entre les entraînements.
- Consommer des protéines après l'effort.
- Éviter de toujours courir sur le même versant de la rue (le corps est débalancé et une jambe est plus sollicitée que l'autre).
- Éviter de courir en cas de douleur aiguë et d'endurer des douleurs chroniques.

BON À SAVOIR

Le syndrome du talon haut

Toujours juchée sur vos *stilettos*? Soyez avertie: vous risquez quelques ennuis dans vos sorties... de course à pied! « Si on est toujours en talons hauts, il se crée un léger raccourcissement du mollet, indique Mireille Belzile. Quand on se met à courir, le mollet raccourci subit un étirement trop important et il y a un risque de claquage. » Les risques de fasciite plantaire augmentent alors, tout comme ceux de tendinite du tendon d'Achille. « Le port de chaussures pointues et d'escarpins favorise les déformations de l'avant-pied », ajoute Blaise Dubois, physiothérapeute spécialisé en course à pied. Les femmes sont plus susceptibles que les hommes d'avoir un *hallux valgus* (oignon). On remarque parfois chez elles de l'arthrose précoce au niveau des pieds. Les douleurs de l'avant-pied sont alors exacerbées par la course.

Le surentraînement : pas juste pour les pros !

Les coureuses récréatives comme les athlètes de haut niveau peuvent souffrir de surentraînement. « Une femme qui travaille 40 heures par semaine, qui a de jeunes enfants, qui dort mal, qui passe beaucoup de temps dans le transport et qui, à travers ça, s'entraîne intensivement à la course peut facilement être surentraînée », indique Mireille Belzile. Pour bien récupérer de l'entraînement, il faut tenir compte de la dépense énergétique de toutes les activités, souligne-t-elle. Les signes à reconnaître? Douleur inhabituelle aux jambes (qui persiste en marchant), fatigue, baisse de performance, manque d'intérêt pour l'entraînement. « Si le surentraînement perdure, des symptômes associés à la dépression apparaissent : perte d'appétit, perte de poids, perte d'intérêt généralisée. »

Un bon massage

« Je me fais masser toutes les semaines, ça m'aide à récupérer », dit Marie-Caroline Côté, coureuse élite. Se faire masser après l'effort fait du bien, on le sait. Mais est-ce efficace? Oui, confirment de plus en plus de scientifiques. En 2012, des chercheurs de l'Université McMaster, en Ontario, ont montré (par biopsie) qu'un massage d'à peine 10 minutes, après un effort soutenu de 70 minutes, réduit la réponse inflammatoire et la douleur et favorise la réparation des tissus. Selon des chercheurs de l'Université Queen's, de Toronto, le massage augmente la circulation sanguine dans le muscle après l'exercice. Des scientifiques californiens indiquent pour leur part que le massage réduit la quantité de cytokines (substances associées à l'inflammation) et de cortisol (hormone du stress) et augmente la quantité de lymphocytes (système immunitaire).

Le délicat genou

« La blessure au genou est la plainte la plus fréquente chez l'athlète », note Mireille Belzile. Les femmes sont de 4 à 6 fois plus touchées que les hommes. Des chercheurs de l'Université d'État de l'Oregon (2012) l'expliquent non pas par les différences musculaires et squelettiques, mais par une différence dans le fonctionnement du système nerveux qui porte les femmes à avoir un mouvement du genou plus à risque, par exemple à la réception d'un saut. En course à pied, le genou supporte de trois à cinq fois notre poids. En 30 minutes, chaque genou peut être sollicité jusqu'à 2 500 fois !

Quand consulter ?

Mieux vaut consulter un médecin (du sport) lorsque la douleur est récurrente, aiguë, ou dure plusieurs jours. On obtiendra ainsi un diagnostic officiel. Dans la plupart des cas, des exercices peuvent être conseillés par un professionnel de la santé formé en rééducation des blessures sportives : physiothérapeute, ostéopathe, thérapeute en réadaptation physique, thérapeute athlétique ou chiropraticien.

Des blessées par milliers

On estime que 25 000 femmes ont consulté un professionnel de la santé, au cours de l'année 2009-2010, à la suite d'une blessure occasionnée par la pratique de la course à pied. C'est 38 pour 1 000 coureuses. À noter que le taux est le même pour les hommes. C'est nettement moins que dans les sports de combat, le soccer ou le surf des neiges. Le taux moyen (tous sports confondus) de blessures nécessitant une consultation est de 111 pour 1 000.

Source : *Étude des blessures subies au cours de la pratique d'activités récréatives et sportives au Québec en 2009-2010*, Institut national de santé publique du Québec.

SUR LE TOIT DU MONDE

Lysanne Goyer, 46 ans, Mont-Royal

Mère de trois enfants et psychologue de la santé, Lysanne Goyer est la première Québécoise à avoir participé au marathon de l'Everest, la plus haute épreuve du genre au monde. Le point de départ se situe à 5 184 m d'altitude, à Gorak Shep, au Népal. C'est à cet endroit qu'est érigé le camp de base sud des alpinistes. Il y a à peine 11 % d'oxygène dans l'air. Un défi « un peu fou » qu'elle souhaitait réaliser pour venir en aide aux enfants et sensibiliser la population à l'importance de saines habitudes de vie.

Ne participe pas à ce marathon qui veut. À peine 85 coureurs, triés sur le volet, prennent le départ de cette course convoitée. Tous doivent avoir une bonne expérience en montagne. Lysanne, qui a couru à New York, à Chicago et à Boston, pense avoir été sélectionnée en raison de sa participation au marathon de la muraille de Chine. « Je ne suis pas une athlète olympique. Je suis une femme ordinaire, mais je suis passionnée et très déterminée. » Son exploit lui a valu le titre de Personnalité de la semaine La Presse/Radio-Canada le 19 décembre 2011.

Un défi tombé du ciel

Pourquoi l'Everest ? Un peu par hasard, admet-elle. « Je ne voulais plus courir pour moi seule, mais pour une cause. J'étais à la recherche d'un exploit fantastique, accrocheur, pour promouvoir la santé globale. J'ai tendu les mains vers le ciel et je me suis ouverte à toutes les possibilités. » Le déclic s'est fait au cours d'une conférence du cardiologue Michel White à laquelle elle assistait. « Il a montré une photo de l'Everest. » Ça a été le début de sa démarche.

Pendant des mois, elle a préparé son excursion avec soin. Sur le mur de la cage d'escalier, chez elle, elle a inscrit toutes les bonnes choses qui lui arrivaient. De belles rencontres, un nouveau commanditaire, des entrevues dans les médias.

Afin d'être bien préparée physiquement, elle a ajouté des sorties en montagne à ses cinq séances de course hebdomadaires. Un week-end sur quatre. Tour à tour, elle a grimpé à pas de course le mont Orford, le mont Washington et le mont Acropole, dans Charlevoix. Elle a aussi multiplié ses virées sur le mont Royal. « Je n'ai pas augmenté le volume d'entraînement de façon exponentielle. L'important était de ne pas me blesser. Je ne visais pas un chrono particulier, je voulais simplement le terminer. J'aurais pu le faire à reculons si ça avait été nécessaire ! »

La psychologue s'était fixée comme objectif d'amasser 25 000 dollars pour la Fondation En Cœur, qui vient en aide aux enfants souffrant de problèmes cardiaques. Elle a aussi remis une somme à la Fondation Sir Edmund Hillary pour la construction d'une école au Népal.

Son but premier : sensibiliser les gens à l'importance de la santé globale et les outiller. « D'ici 2030, la dépression risque d'être la première cause de morbidité au Canada, et si nous n'améliorons pas nos habitudes de vie, nos enfants vont vivre moins vieux que nous. Il devient urgent d'améliorer le message de santé promulgué partout et d'y ajouter le bien-être psychologique. »

Elle a donc mis sur pied une initiative de santé globale, les Trois Petits Pas, pour sensibiliser les gens à la santé en leur proposant de faire un petit pas par jour en activité physique, un petit pas par jour en alimentation et un petit pas par jour en bien-être psychologique. Elle souhaite étendre cette initiative dans les écoles et entreprises pour promouvoir et enseigner l'adoption de saines habitudes de vie.

Il y a urgence d'agir et elle souhaite faire partie de la solution. « Les gens ne savent pas comment s'y prendre. Je suis là pour les outiller. Au lieu de chercher la solution magique ou, à l'inverse, de prôner un changement radical, je préfère miser sur des petits pas pour améliorer l'activité physique, l'alimentation et le bien-être psychologique. La santé se bâtit de petits gestes au quotidien. »

Son projet, parrainé par l'animatrice France Beaudoin, le comédien Vincent Gratton et le hockeyeur professionnel Mathieu Darche, a notamment trouvé écho à l'académie Saint-Clément, à Mont-Royal. Avec Lysanne, ils ont créé la semaine des Trois Petits Pas, lors de laquelle enfants et parents ont fait trois petits pas par jour pendant une semaine complète. Le jour de son marathon, les enfants ont fait une marche de 42 minutes, symbolisant les 42 km de l'épreuve. Elle a rencontré les élèves avant et après son exploit. Elle a communiqué avec eux depuis la montagne. Elle a pu les sensibiliser à la santé globale et au dépassement de soi. Elle leur a dit que la crainte de ne pas réussir le marathon de l'Everest n'était pas une raison suffisante pour ne pas essayer. « L'échec dans la vie, c'est de ne pas essayer de rencontrer nos rêves parce qu'on a peur. »

Des poux à Katmandou

Le 22 novembre 2011, elle s'est finalement envolée avec son mari vers Katmandou. À peine arrivée, elle a réalisé qu'elle avait la tête pleine de poux. « Il n'y a pas de traitement là-bas. » Elle a paniqué. Elle a pensé aux enfants qui comptaient sur elle et aussi à ses clients en bureau privé qui arrivent à bien vivre avec une maladie chronique, le cancer, etc. Elle a rapidement remis les choses en perspective. Le temps de son expédition, elle a oublié la présence des petites bestioles dans sa longue chevelure blonde.

Pour favoriser l'acclimatation en haute altitude, les participants au marathon de l'Everest devaient faire une randonnée de 20 jours, sous haute surveillance médicale. « J'ai trouvé cette étape plus difficile que le marathon lui-même. Les gens autour de moi commençaient à être malades. Jusqu'à la dernière minute, j'ai craint que ne survienne une situation qui m'empêche de réaliser mon rêve. On ne tient rien pour acquis jusqu'au départ de la course. Tout peut arriver. » Une bactérie, une embolie ou une bête chute et l'aventure aurait été compromise. Lysanne s'en est tirée avec quelques maux de tête, une légère toux des montagnes et un bref dérangement intestinal. Un dernier examen médical l'a rassurée.

La veille de la course, elle s'est retirée seule dans sa chambre. Un grand luxe après un camping de plusieurs semaines. Elle a sorti de son sac à dos une feuille de papier. Spontanément, elle s'est mise à réciter à voix haute, telle une prière, une longue liste de noms. Elle a nommé chacune des personnes qui, de près ou de loin, l'avaient aidée à mener à bien son projet et qui avaient cru en elle. Elle a contemplé la photo des élèves de l'académie Saint-Clément qui, tous de rouge vêtus, formaient un énorme cœur pour la pose. Elle s'est ensuite assoupie, une boule d'émotion dans la gorge. Ça y était enfin.

Le matin de la course, à 4 h 30, Lysanne était sur un nuage. Son rêve était sur le point de se réaliser. Après le décompte des coureurs, le coup de départ a été donné. C'était le 2 décembre, à 6 h 30. « C'est fantastique. Le soleil se lève, le paysage est sublime, tu es sur un glacier, tu vois l'Everest et, autour, c'est l'immensité. Il n'y a personne, sauf ceux qui, comme toi, y ont cru et ont persévéré. »

Malgré la rareté de l'oxygène, les coureurs, fébriles, ont couru pendant quelques secondes. « Ce n'est pas conseillé, à cette altitude, mais tout le monde était si excité. Ça m'a pris du temps à reprendre mon souffle, surtout qu'il y avait une montée en partant. »

Le tracé de 42,2 km descend vers Namche Bazaar, à 3 446 m d'altitude. Fait d'interminables descentes (« les jambes tremblent sans arrêt ») et d'exténuantes montées, le parcours est escarpé et parsemé de zones tantôt enneigées et glacées, tantôt boueuses et rocailleuses. « Tu peux te perdre facilement et il y a des endroits où c'est particulièrement risqué. Sur le bord des falaises, tu trébuches et c'est la fin », dit-elle. Jamais elle n'a mis sa vie en jeu, précise-t-elle cependant. « J'aime les défis, mais mes enfants sont ma priorité. » Elle a respecté ses limites et accepté que la marche soit parfois inévitable. « Dans une montée de plusieurs kilomètres, il est inutile de courir. Mieux vaut essayer de garder un bon rythme, de bien gérer son énergie pour être capable de courir plus loin. »

Après un effort de 8 h 4 min, Lysanne Goyer a franchi la ligne d'arrivée du marathon de l'Everest, le souffle court et le sourire radieux. Huit heures, c'est long, mais c'est ce qu'elle avait prévu. Elle est arrivée au cinquante-troisième rang. Une seule personne a réussi à compléter la course en moins de quatre heures. Les 20 premiers coureurs étaient Népalais, tous habitués à la haute montagne. « Je l'ai fait parfaitement. Je suis la femme la plus choyée du monde. J'ai réussi », a-t-elle confié à son arrivée, sur place, devant la caméra de son mari.

Vers le prochain défi

L'aventure a laissé en elle des traces indélébiles et une envie encore plus forte d'aider son prochain. Depuis son retour, elle a démarré son entreprise en santé globale, elle multiplie les conférences et les ateliers, avec en poche le marathon de l'Everest comme outil de motivation. « J'insiste auprès des enfants et des adultes sur le fait que je ne suis pas surhumaine. Ce défi peut paraître inaccessible à leurs yeux, mais je n'ai rien de plus que de la détermination. J'écoute mes peurs et je vais au-devant. Je n'ai jamais été première de classe, je n'étais pas une athlète quand j'étais jeune. Si je suis capable d'aller vers mes rêves, les autres le peuvent aussi. »

Et si le marathon avait été un échec ? « Parfois, on ne peut pas atteindre son objectif, mais d'autres choses se créent autour. Je le dis aussi aux enfants. J'aime mieux courir le risque d'échouer que de ne rien faire. L'important est de vivre de beaux moments en chemin. » Elle se souviendra jusqu'à sa mort du ciel de l'Everest. « Toujours bleu intense, tout en contraste avec le blanc de la montagne, le rouge des rochers. Il me manque tous les jours. »

Quand Lysanne court chez elle, très tôt le matin, c'est le ciel de l'Everest qu'elle a en pensée. Cette vision la garde motivée. « L'hiver, c'est plus difficile de courir, il fait froid, il fait noir. J'aurais envie de rester couchée. Je trouve les 20 minutes pendant que je me prépare vraiment moches. Mais dès que je suis dehors, je me sens bien. J'aime cette impression d'être seule au monde, le calme, le bruit de la neige sous mes pieds. » L'esprit, au loin, sur un glacier.

Elle songe maintenant à préparer un autre défi pour l'aider à faire passer son message. Quelque chose de gros. En attendant, elle court, d'abord et avant tout pour le plaisir. « C'est devenu un amour profond, rien ne se compare au sentiment de courir. C'est une impression de liberté et de bien-être, c'est presque méditatif. J'aime m'imprégner de l'évolution des saisons, voir les arbres changer, m'approprier mon quartier. » Elle court en rêvant de changer le monde... trois petits pas à la fois.

COURIR EN TOUTE SÉCURITÉ

Pour bon nombre d'entre nous, le plaisir de courir se traduit par un sentiment de liberté et une délicieuse impression d'être seules dans notre bulle. Portées par notre musique préférée et nos rêveries, nous courons d'un pas léger, insouciantes. Trop insouciantes ? On en oublie parfois les dangers qui nous guettent, à la ville comme à la campagne : un automobiliste distrait par ici, un chien agressif par là.

Avez-vous déjà eu une frousse pendant un entraînement? Selon un sondage mené par le Road Runners Club of America, 73 % des coureuses interrogées ont rapporté avoir déjà vécu un épisode désagréable, voire inquiétant, durant une séance de course. Voici des conseils pour courir en sécurité.

Douze consignes de sécurité*

1. ***Avoir sur soi une pièce d'identité, comme une carte d'assurance-maladie, avec un numéro à signaler en cas d'urgence. Si on a des allergies à des médicaments, on les inscrit sur un autocollant qu'on applique au dos de la carte.***

2. ***Si on a un téléphone portable, pourquoi ne pas le traîner ? On pourrait ainsi l'utiliser en cas d'urgence, mais aussi pour écouter sa musique préférée.***

3. ***Si on court avec de la musique, on s'assure d'entendre le bruit de la circulation, les cris des passants, les klaxons. Il faut être consciente de ce qui se déroule autour de nous.***

4. ***En ville, on court de préférence dans les parcs afin d'éviter la circulation automobile. Il faut aussi savoir qu'il est interdit de courir ou de marcher sur les pistes cyclables à Montréal, tout comme dans plusieurs autres villes.***

5. ***Sur la rue, on court dans le sens contraire de la circulation automobile. On s'assure aussi d'établir un contact visuel avec les autres personnes, qu'il s'agisse de piétons, de cyclistes ou d'automobilistes, et on garde une distance sécuritaire.***

6. ***On court idéalement le jour et on avertit un proche de son absence.***

7. *Lorsqu'on court dans l'obscurité, on préfère les endroits éclairés. On porte des vêtements clairs ou munis de bandes réfléchissantes pour s'assurer d'être vue. Il se vend aujourd'hui des vêtements de course avec lumières clignotantes intégrées !*

8. *On court avec un ou une partenaire ou en groupe. On bénéficie ainsi de l'effet de sécurité par le nombre.*

9. *En présence d'un chien agressif et sans laisse, on cesse de courir, on ne le fixe pas dans les yeux et on s'éloigne calmement en évitant de lui tourner le dos.*

10. *Si on croise un individu au comportement douteux, on continue son chemin et on l'ignore. On adopte une attitude de confiance. Si on le juge bon, on fait le 911.*

11. *Si un individu nous suit, on se dirige vers un commerce, un endroit très fréquenté, et on attire l'attention des passants. S'il attaque, on crie aussi fort que possible (en verbalisant), on résiste et on fuit.*

12. *On se fie toujours à son intuition.*

* Merci à Laurent Gingras, sergent-détective aux relations médias du SPVM, pour ses conseils.

COURIR L'HIVER

Notre pays, c'est l'hiver, non ? Pas d'excuses pour rester cloîtrées dans la maison dès les premiers flocons ! Au-delà des cils givrés par la sueur et des narines qui collent par grand froid, courir en hiver est souvent une expérience très agréable. On s'habille adéquatement, on fait preuve de prudence et hop ! nous voilà prêtes à affronter les pires tempêtes. Voici 10 conseils pour les coureuses hivernales.

1 Adopter les pelures

On porte trois couches fines de vêtements superposés : un sous-vêtement ajusté (en polypropylène ou laine mérinos), un vêtement isolant (laine polaire) et un manteau coupe-vent qui respire. « Lorsqu'on court, on produit rapidement de la chaleur. En quelques minutes, on a l'impression qu'il fait 10 degrés de plus. Il faut s'habiller en conséquence », note Josée Prévost, propriétaire de la Maison de la course.

2 Réchauffer le moteur

Si on le peut, on s'échauffe à l'intérieur. On évitera ainsi de partir « à froid ». On court sur place, on sautille. Après plusieurs sorties, notre corps mettra moins de temps à s'adapter au froid.

3 Bien se chausser

On préfère les souliers avec crampons, qui offrent une meilleure traction sur la neige et la glace. « Si vous enfilez des crampons sur vos chaussures, évitez le plus possible de courir sur l'asphalte, où les vibrations sont importantes et désagréables », souligne l'entraîneur Martin Fontaine.

4 Protéger ses extrémités

Parce que nous perdons beaucoup de chaleur par la tête, on porte une tuque adaptée à la température et qui laisse échapper la transpiration. Si on a tendance à geler des doigts, on préfère les mitaines aux gants, car elles sont plus efficaces pour garder la chaleur. On couvre aussi son nez et ses oreilles par temps froid. Si on n'arrive pas à se réchauffer, on rentre !

5 Boucler la boucle

Sans réduire sa distance, on opte pour un petit parcours en boucle qu'on emprunte plusieurs fois, en commençant vent de face. On sera ainsi près de la maison si on a un malaise ou si le temps se gâte.

6 Rapetisser ses foulées

Lorsque nous courons sur un tapis de neige, nos chevilles sont plus sollicitées. La surface est instable et nous travaillons davantage les muscles stabilisateurs, souligne François Lecot, kinésiologue. « Lorsque le sol est incertain ou glissant, mieux vaut réduire l'amplitude de sa foulée afin de diminuer les risques de blessure. Souvent, on le fait instinctivement. »

7 Boire de l'eau

Il ne faut pas sous-estimer l'importance de boire, même si on ressent peu la chaleur. L'eau gèle ? On place notre bouteille dans une enveloppe isolée ou on chauffe l'eau avant de partir. On peut aussi arrêter dans des endroits où on peut s'abreuver, conseille François Lecot. Moins nous buvons, plus nous risquons les engelures !

8 Protéger sa peau

L'air sec et froid malmène les peaux sensibles. Avant chaque sortie, on applique sur le visage une lotion hydratante et protectrice qui gardera la peau douce. Pour prévenir les gerçures, on prend aussi l'habitude d'appliquer un baume à lèvres.

9 Bouger à l'intérieur

Lorsqu'il fait tempête ou que les conditions sont difficiles et hasardeuses, pourquoi ne pas réduire les sorties extérieures ? On opte plutôt pour des entraînements alternatifs. Si on souhaite maintenir ou améliorer son niveau de course, on opte pour des activités similaires, telles la course sur tapis roulant, l'aquajogging ou l'appareil elliptique, conseille François Lecot.

10 Courir sur le trottoir

L'hiver, il peut être intéressant de courir sur les trottoirs, qui sont parfois mieux déneigés que les rues. Cela permet du coup d'éviter d'avoir à contourner les bancs de neige et la circulation chaotique !

À noter ! Trop froid ? Non, l'air glacial n'endommage pas les poumons ! L'air, plus sec l'hiver que l'été, peut tout de même irriter les voies respiratoires. En remontant son cache-cou devant sa bouche et son nez, on devrait venir à bout du problème. Si on fait de l'asthme, on aurait avantage, dans ces conditions particulières, à respirer uniquement par le nez.

Plus frileuses, les femmes ?

Les femmes retiendraient mieux la chaleur, mais auraient davantage les mains et les pieds froids que les hommes, selon une étude publiée dans *The Lancet* (1998). « Les femmes ont une couche de graisse mieux répartie et parviennent mieux à irriguer leurs organes vitaux. Ce système diminue cependant l'apport de sang dans les mains et les pieds, provoquant la sensation de froid », expliquent les chercheurs. La température des mains est en moyenne 1,5 °C plus basse chez la femme que chez l'homme.

Une étude torontoise publiée dans le *Journal of Applied Physiology* (2000) a montré que la perception de la température dépend de la taille et de la quantité de gras corporel. Lors d'une immersion dans l'eau froide, les chercheurs n'ont vu aucune différence de réponse de thermorégulation entre les sexes « lorsque la quantité de graisse et la surface corporelle exposée sont les mêmes ».

Comme les femmes ont un taux de gras plus élevé, elles seraient donc plus susceptibles de grelotter. Elles ont aussi tendance à être plus frileuses après l'ovulation, lorsqu'elles prennent la pilule contraceptive et, étonnamment, si elles sont extraverties ! Selon une étude de l'Université Laval publiée dans *Physiology and Behavior* (2004), les traits de caractère influent sur notre réponse aux stress thermiques. Surprenant, non ? Exposés au froid, les extravertis ressentent plus d'inconfort, frissonnent davantage et leur rythme cardiaque est plus élevé que celui des personnes névrotiques qui, parce que souvent inquiètes, seraient davantage habituées à gérer les inconforts.

COURIR L'ÉTÉ

Les étés se suivent et ne se ressemblent pas. Par contre, il est établi qu'il fait de plus en plus chaud. De 1961 à 2010, la température de la province a augmenté de 1,3 °C. Durant l'été 2012, les records ont fondu au rythme des vagues de chaleur. Le 14 juillet 2012, Montréal a battu un record de chaleur vieux de 1952 avec 33,3 °C ! Cesser de courir l'été ? Pas question, d'autant plus que durant la belle saison se déroulent de nombreuses compétitions. Voici quelques trucs pour ne pas s'y brûler.

1 Sortir de son plan de match

Selon les conseils de l'entraîneur Martin Fontaine, lors de grandes chaleurs et par temps humide, il vaut mieux réduire l'intensité et la durée de nos sorties.

2 Oublier les records

Même chez des coureurs élites, la performance diminuerait de 10 % lors de grandes chaleurs.

3 Chercher la fraîcheur

On court tôt le matin ou en soirée, lorsque le mercure descend et que les rayons du soleil sont moins forts. Encore trop chaud ? On court dans la piscine ou sur tapis roulant à l'air conditionné.

4 Boire de l'eau

Avant et pendant l'effort, on s'assure de boire de l'eau ou, pendant les longues sorties, une boisson sportive diluée. Plus on transpire, plus on doit boire. Lorsqu'il fait chaud, on peut perdre plus d'un litre d'eau par heure en transpirant !

5 Prendre garde aux rayons

Trente minutes avant de sortir, on applique une lotion à écran solaire à base d'eau, avec au minimum un FPS de 30. Le FPS indique seulement la protection contre les UVB (qui causent les coups de soleil et le cancer de la peau), alors il vaut mieux choisir une crème solaire à large spectre qui protège aussi des rayons UVA (qui causent le vieillissement de la peau). Il est suggéré d'appliquer 2 mg de lotion par centimètre carré de peau (les consommateurs en appliquent généralement moins, selon des tests faits par *Protégez-vous*) et de renouveler l'application toutes les deux heures. Sachez que certains nuages laissent passer les rayons du soleil.

6 Choisir les bons vêtements

On opte pour une casquette légère, des vêtements anti-UV de couleur claire et des lunettes de soleil pour protéger les yeux. On évite de trop s'habiller et on attache ses cheveux s'ils sont longs.

7 Éviter l'aspirine

L'aspirine (et les autres analgésiques) réduit l'action des prostaglandines et, du coup, diminue la capacité de réduire la température corporelle (thermolyse), explique Guy Thibault, physiologiste de l'exercice. De plus, la consommation d'aspirine augmente la perméabilité gastro-intestinale, ce qui accroît les risques de subir un coup de chaleur.

8 Diminuer le café et l'alcool

Le café et l'alcool sont reconnus pour leurs propriétés déshydratantes. Durant les grandes chaleurs, mieux vaut en limiter la consommation.

9 Éviter de se raser

Étonnant, mais vrai ! « La sueur réduit la température corporelle si et seulement si elle s'évapore sur la peau, explique Guy Thibault. La sueur qui ruisselle (par exemple sur une peau lisse ou quand le taux d'humidité est très élevé) ne réduit pas du tout la température corporelle. » Courons donc de préférence les jambes couvertes d'un petit duvet !

10 Se méfier de l'indice humidex

Lorsque l'air chaud est humide, la température ressentie est supérieure à sa valeur réelle. Le risque de subir un coup de chaleur est alors plus grand : comme l'air environnant est déjà chargé d'eau, il devient difficile d'évacuer la chaleur par évaporation. Il y a risque de surchauffe ! On cesse de courir au moindre symptôme de coup de chaleur.

SOPHIE DESMARAIS, COMÉDIENNE : *jouer la course*

Avant de tourner le film *Sarah préfère la course**, j'étais plutôt une coureuse du dimanche. J'ai appris à courir efficacement grâce à ce film dans lequel j'interprète une coureuse de demi-fond (800 m, 1 500 m). J'ai adoré l'entraînement et je compte bien garder la course à pied dans ma vie.

Courir m'a mise dans une bulle de concentration. Je travaillais mon personnage en m'entraînant. C'est à ce moment-là que je comprenais sa discipline. Je n'avais pas besoin de me poser plus de questions, tout était là. J'ai aussi compris les sacrifices que la course demande. Je ne buvais presque pas d'alcool, je savais que mes jambes seraient lourdes en course le lendemain. Je me suis vraiment jetée là-dedans, j'étais très disciplinée. C'était passionnant de le vivre à fond.

J'ai dû corriger mes mauvais réflexes. Il a fallu cinq mois d'entraînement intensif pour parfaire ma technique. J'ai eu une périostite, une vraie blessure de coureur! J'ai dû composer avec la douleur pendant le tournage. J'appliquais alors de la glace. Je suis tout de même devenue accro et je suis vraiment contente de bien courir maintenant.

J'ai un rapport amour-haine avec la course. Le plus difficile ? Me lever et y aller. Ça demande tellement de le faire, mais c'est encore plus difficile de ne pas le faire. Ça devient une partie de nous. Si j'avais connu le demi-fond plus jeune, c'est quelque chose que j'aurais aimé expérimenter. Toutes les coureuses de 17 à 20 ans que j'ai rencontrées sont très matures dans leur rapport à leur corps, dans leur confiance. Je trouve ça vraiment passionnant.

J'aime beaucoup courir le soir après le souper, quand il n'y a personne, ou tôt le matin avant que la ville commence à s'agiter. Je ressens les bienfaits physiques, je suis plus énergisée. Il y a quelque chose qui vide l'esprit aussi. Quelque chose qui est proche de la méditation. Comme quand je finis une séance de yoga chaud. Je suis très centrée. En courant, j'ai découvert le lien avec la respiration, la conscience de mon corps dans l'environnement : les sons, les senteurs, les sensations sont tellement plus intenses quand on court. On se connecte à des choses inspirantes.

* Sortie prévue pour l'automne 2013

VIEILLIR AU PAS DE COURSE

Yolande Marois, 87 ans, Waterville

Yolande Marois, 87 ans, se lève très tôt. Vers 5 heures tous les matins. Elle descend à la cuisine, caresse la tête de son teckel Pogo et se prépare un café filtre. Avant même d'avoir avalé une bouchée, elle chausse ses souliers de course. Le petit-déjeuner attendra. Elle referme discrètement la porte derrière elle, celle qui mène au jardin, et se dirige tout droit vers les sentiers. C'est son rituel de course depuis plus de 25 ans.

« Courir est naturel pour moi, ça fait désormais partie de ma vie. » Yolande a découvert les plaisirs de la course à pied sur le tard, à 60 ans. Son mari Daniel, un Américain de 10 ans son cadet, courait déjà depuis une dizaine d'années pour se mettre en forme. « Je trouvais qu'il avait l'air de bien s'amuser. Soudainement, j'ai eu le goût d'essayer et de voir si je pouvais être aussi bonne que lui. »

Le couple habite une maison centenaire à Waterville, en Estrie, depuis 40 ans. Un matin, Yolande est donc partie courir seule dans le boisé, à côté. « À ma grande surprise, je me suis sentie très bien. La fatigue de la course crée une telle sensation de bien-être, c'est rapidement devenu un besoin. J'ai des *high*, comme si je me dopais. » Elle rit, jugeant ses propos un brin déplacés. « C'est vraiment un bon *feeling*. Je le ressens beaucoup. »

Elle a donc persévéré. Elle a alterné la marche et la course pour habituer son corps. « Quand on commence à 60 ans, ça demande un peu de patience. » Elle a étiré la distance parcourue, puis elle a ajouté la côte de la rue Dominique à son parcours.

Au bout de quelques mois, elle faisait une boucle vallonnée de 17 km, sur route et en sentiers, et elle participait à son premier marathon à Montréal. C'était en 1985. « Quelle folie ! Je n'étais pas prête, mais je voulais accompagner mon mari. » Elle a franchi le fil d'arrivée, de peine et de misère, après 7 h 18 min de dur labeur. « Je me rappelle mon émotion au départ, la fébrilité sur le pont Jacques-Cartier. J'ai beaucoup aimé cette course, même si, à un moment, je me suis sentie bien seule à l'arrière. J'ai couru avec un homme qui disait n'avoir que six mois à vivre. Ça m'a bouleversée et ça m'a aidée à continuer. »

Une enfilade de marathons

Mine de rien, Yolande a depuis complété 25 marathons, de New York à Québec, en passant par Calgary et Ottawa, souvent en plus ou moins six heures. Elle a même célébré son quatre-vingtième anniversaire dans les rues de Rome. En courant. « Le marathon était organisé en mars, le jour de ma fête. C'était une occasion rêvée. » Au gré de ses foulées, elle a donc pu s'imprégner de la beauté et de l'âme de la capitale italienne, sans le tourbillon des voitures et le va-et-vient des passants. Un moment magique.

Elle a couru pendant 6 h 12 min. « Il faisait chaud, la température était agréable. Il fallait faire attention vers la fin, car on courait sur un pavé de briques. J'ai terminé en marchant devant le Colisée, j'étais tellement fière. » Pour marquer le coup, le couple a poursuivi son périple en Sicile.

Chaque marathon est pour Yolande un immense défi, jamais une torture. « Lors des courses, j'aime l'ambiance de la foule, cette chance de me dépasser. » Même quand elle souffre et que la ligne d'arrivée semble hors de portée, elle garde le moral. Quand ses jambes n'en peuvent plus, elle se demande néanmoins à quoi ça rime. Qu'a-t-elle donc à prouver ? Mais elle poursuit son chemin jusqu'à la fin, avec l'envie de recommencer. « Abandonner ne me vient jamais en tête. J'essaie de ne penser à rien. Après l'effort, le plaisir de prendre un bain chaud, un bon repas et un verre de vin est sublime. »

Elle garde de beaux souvenirs du marathon de New York, qu'elle a couru une quinzaine de fois. Elle aime découvrir la ville à pas de course. « On passe dans des quartiers qu'on ne visiterait pas autrement. On rencontre des gens de partout au monde. » En 2008 et 2009, elle y a été honorée à titre de doyenne de la course. Elle nous montre une belle assiette de cristal, avec son nom gravé dessus. « C'est spécial. Parmi les neuf enfants chez nous, je passais inaperçue. Toute cette attention à mon âge me gêne et me flatte. »

Yolande rêve de courir le monde à coup de marathons. Paris, Athènes, Londres. Son corps lui fera-t-il faux bond ? À 87 ans, elle trottine plus qu'elle ne court. Cela l'agace énormément. Elle met aujourd'hui près de huit heures à compléter un marathon. C'est long. « Je ne suis jamais malade, jamais blessée. Mon corps fonctionne très bien, mais il commence à être usé. Courir est de plus en plus exigeant », admet-elle. Sa foulée est moins fluide, moins dynamique. Ses jambes supportent mal les longues sorties sur le bitume. Le poids des années s'installe sournoisement, inévitablement.

Des rêves plein la tête

Avec son teint lumineux et son sourire enfantin, Yolande ne fait pas son âge. « Je me sens aussi bien, peut-être même mieux qu'avant. » Ça lui joue des tours. Elle-même oublie qu'elle soufflera sous peu 88 bougies. « Je ne fais pas attention et je descends l'escalier comme si j'avais 20 ans. » Récemment, elle a atteint le rez-de-chaussée plus rapidement que prévu. Elle s'en est tirée avec plus de peur que de mal. « J'apprends depuis à respecter mes limites. » Elle court moins souvent et moins longtemps. « Il y a des fois où ça ne marche tout simplement pas, alors je reviens à la maison. Je sais que j'ai besoin de repos. »

Malgré tout, Yolande n'entend pas ranger ses souliers de sitôt. Elle a même pour objectif d'abaisser son chrono sous la barre des cinq heures. Jamais pourtant elle n'a été très rapide. Elle a obtenu son meilleur temps à vie à New York en 1991 : 5 h 35 min. Elle avait 66 ans. « Je pense que c'est réalisable. J'aimerais montrer que, même si on est vieux, on n'est pas fini. On peut encore s'améliorer. » Elle calcule dans sa tête. Ça fait 7 min/km. « Il faudrait que je me décide à courir plus vite, que j'ouvre la machine. Je suis un peu paresseuse », lance-t-elle, avec un clin d'œil. Elle a un programme d'entraînement, mais depuis un moment, elle court plutôt selon son humeur. Ça ne suffira probablement pas. Elle s'accroche néanmoins à ce rêve, comme si elle voulait narguer la mort qui pointe, pas très loin, le bout de son nez.

La mort. Elle y pense « de temps à autre », mais ne la redoute pas. « À mon âge, je sais que ça viendra plus tôt que tard. » Elle craint surtout de manquer de temps pour réaliser les mille et un projets qu'elle a en tête. Elle aimerait faire du bénévolat en Haïti (« j'ai été très touchée par le séisme et la misère des gens là-bas »), obtenir son diplôme d'études collégiales et moderniser la cuisine de sa maison.

Le temps, l'énergie et la santé finiront par lui manquer, elle le sait. Elle caresse des rêves, petits et grands, mais elle n'en fait pas une obsession. Elle préfère profiter de tous les moments, en bougeant. Entre un jogging, une promenade à vélo et une marche avec son chien, elle s'occupe de son jardin. Elle garde à l'occasion ses petits-fils qu'elle adore. Elle en a quatre. L'hiver, elle troque les souliers contre les skis de fond. « Je ne cours pas, j'ai trop peur de tomber. Je pourrais mettre des crampons, mais je trouve que ça fait retraité ! » Elle rit et se tourne vers son mari. Il en porte depuis qu'il s'est fracturé le poignet en tombant sur la glace.

Un couple pas comme les autres

Yolande et Daniel se sont rencontrés en Californie. Elle travaillait comme secrétaire médicale. Lui était enseignant. Ils se sont d'abord croisés au cours d'une conférence sur la santé, puis chez une amie commune. Petit à petit, l'amour s'est installé et solidifié. Ils ont eu deux enfants, Angèle et Patrick, qui courent aussi. « Encore aujourd'hui, on aime être ensemble, même si je suis fatigante », blague-t-elle.

Le couple, marié depuis 46 ans, ne passe pas inaperçu à Waterville. « Se bercer sur notre balcon ? Très peu pour nous. On ne fait pas des affaires de vieux ! » lance Yolande en riant. Jeune, elle n'a jamais été très active. Un peu de tennis, de natation et de patin. La pratique du sport, en particulier la course à pied, n'était pas encouragée chez les femmes. Elle rattrape aujourd'hui le temps perdu.

« Je suis en admiration devant elle. Je suis content de lui avoir transmis la passion de la course à pied. C'est quelque chose qu'on partage depuis », confie Daniel, qui a participé à 93 marathons. Ses genoux s'en plaignent. Il doit ralentir, mais arrêter, jamais. Leur maison, chaleureuse, regorge de souvenirs de course. Collés sur les portes d'armoire, des certificats et de vieux dossards. Accrochées aux murs, des médailles et des photos comme celle, encadrée, de Yolande à l'arrivée du marathon à New York, en 1991. « C'était en novembre, la nuit était déjà tombée. Je semblais toute fraîche, mais j'étais si épuisée. »

La course les unit même si, paradoxalement, ils courent chacun de leur côté. Lui dans les rues du village, elle en sentiers. « Dans le bois, je me perds dans mes pensées, je regarde le paysage. » Elle court par réel plaisir et un peu pour sa santé. « Ça favorise un bon sommeil et ça stimule l'appétit. Ça m'aide sûrement à bien vieillir. » Elle s'arrête. Le sourire en coin, elle reprend : « Est-ce que je vous ai parlé des *high* que ça me donne ? »

207
204

4

Courir toute notre vie

Pendant longtemps, on a cru que le sport était dommageable pour les femmes, même chez les adolescentes. Durant les menstruations et la grossesse, les activités physiques étaient absolument à proscrire ! Bouger à 70 ans ? On n'y pensait même pas. Aujourd'hui, on sait hors de tout doute qu'il est préférable de bouger, et ce, à tout âge. Menstruations ou pas. Grossesse ou pas. Par contre, il n'en demeure pas moins que certaines recommandations sont fort utiles afin d'optimiser notre entraînement sans nuire à notre santé.

L'ADOLESCENCE : LES FILLES ET LA COURSE

On oublie One Direction, Simple Plan ou Marie-Mai. Le petit monde de Camille Bourdeau-Marcil, 12 ans, tourne uniquement autour de la course à pied. C'est comme ça depuis qu'elle a cinq ans. Elle court aussi vite que ses jambes le lui permettent, sans se poser de questions, parce qu'elle aime ça et que ça lui réussit bien. Inutile de chercher plus loin.

Camille est délicate, très timide. La voix douce, elle ne dit jamais un mot plus haut que l'autre, même avec son frère et sa sœur. Sur la piste toutefois, elle sort de sa coquille. Elle explose, elle prend la tête dès le départ et la tient jusqu'à la fin. Elle est l'une des meilleures coureuses de son âge au Québec. En 2011, elle a remporté la finale provinciale du 1 km sur route et ce, même devant tous les garçons ! Son chrono : 3 minutes 25 s. « C'est un beau souvenir, j'avais gagné des prix. J'étais contente. »

Les murs vert pomme de sa chambre sont couverts de certificats, de photos de compétitions et de banderoles sportives. Sur une tablette, des trophées et des médailles complètent la décoration. « Je n'écoute pas de musique, je regarde très peu la télévision. » À part *Star Académie* qu'elle suit religieusement et, à l'occasion, les dessins animés du samedi matin.

Elle pense, parle et vit course. Elle a des amies, certaines actives, d'autres pas, qu'elle voit peu. « Quand elles appellent, je suis souvent partie à l'entraînement ou en compétition. » Disciplinée, elle a remporté le titre de l'athlète qui a le mieux concilié études et sport au programme Sports Étudiants Montérégie en 2012. Elle fait attention à son alimentation et, lorsqu'il y a des fêtes d'amies, elle quitte plus tôt que les autres. « J'ai besoin de beaucoup de sommeil. »

Avec le club d'athlétisme Adrénaline, elle participe à un grand nombre de compétitions. En octobre 2012, elle a été sacrée championne provinciale de cross-country scolaire sur 2 km (catégorie benjamines). Une fois par année, son entraîneur lui conseille un repos de trois semaines. Une éternité. « Si je ne m'entraîne pas, ça risque d'aller moins bien en compétition. Et ça me manque quand je ne cours pas. »

Les adolescentes peu actives

Les bienfaits de la pratique d'activités physiques, dont la course à pied, sont nombreux, et ce, même à un jeune âge. On note une amélioration de l'aptitude aérobie, un meilleur contrôle du poids, une amélioration de l'architecture des os, une augmentation de la densité osseuse et un effet protecteur à long terme contre le cancer du sein, selon *L'activité physique, le sport et les jeunes* de Kino-Québec.

Les adolescentes qui pratiquent régulièrement une activité physique ont tendance à adopter de saines habitudes de vie (sommeil, alimentation). Elles ont une meilleure santé mentale, elles s'apprécient davantage et sont moins disposées à fumer, à consommer de la drogue et à avoir des comportements sexuels à risque.

Or, le *Bulletin 2012 de l'activité physique chez les jeunes* de Jeunes en forme Canada révèle qu'à peine 17 % des filles (chez les 10 à 16 ans) bougent 60 minutes chaque jour de la semaine comme il est recommandé. Les garçons du même âge sont un peu plus nombreux à bouger (28 %). Les jeunes Québécoises sont les moins actives au pays. Plus elles approchent de l'âge adulte, moins elles bougent. Plus l'âge de la puberté est jeune, plus le niveau d'activité physique baisse rapidement.

« La réussite des filles passe avant tout par les résultats scolaires, alors que les garçons misent davantage sur le sport. L'enjeu de vie est différent. Ça fait partie de la construction de leur identité et c'est crucial à l'adolescence, indique Suzanne Laberge, responsable du Laboratoire de sociologie du sport et de promotion de l'activité physique de l'Université de Montréal. Les filles veulent plaire et ressentent une grande pression à être belles. »

Suis-je active ?

Selon les *Directives canadiennes en matière d'activité physique*, les 5 à 17 ans doivent faire 60 minutes d'activité physique d'intensité moyenne à élevée par jour (dont des activités d'intensité élevée au moins trois jours par semaine), et des exercices pour renforcer les muscles et les os trois fois par semaine. Plus, c'est encore mieux !

Source : Société canadienne de physiologie de l'exercice.

« À la puberté, ça les gêne de faire du sport avec les garçons. Elles ont peur de transpirer. Elles ont tendance à se comparer aux garçons et craignent d'avoir l'air ridicule », fait remarquer Claudine Labelle. Ancienne cycliste de compétition, elle a mis sur pied Fillactive en 2007 afin de promouvoir l'activité physique chez les adolescentes de 13 à 17 ans. Comment ? En présentant des conférences d'athlètes inspirantes dans les écoles secondaires et en organisant des sorties de filles (surf, planche à neige, BMX et camp de vacances). Grâce à des partenaires, les activités sont offertes à moindre coût.

Depuis 2010, Fillactive propose le programme de course à pied FitClub (5 km). « Ça permet un suivi à long terme. Une enseignante par école est attitrée et travaille de concert avec une kinésiologue, une nutritionniste et une athlète pour superviser un entraînement de 6 à 10 semaines », explique Claudine Labelle. Au printemps 2012, 1 125 adolescentes ont participé au programme. En 2013, 55 écoles secondaires sont inscrites au programme et 2 500 filles participent. « Les filles trouvent du plaisir à bouger entre elles, ça les incite à rester actives et à adopter de saines habitudes de vie. Elles sont plus confiantes, elles ont un sentiment d'accomplissement et ça joue sur leur estime personnelle, leur image d'elles-mêmes. Elles se sentent mieux et en santé. »

L'important est de miser sur le plaisir et la diversité des activités, selon le kinésiologue François Lecot. « La pratique de diverses activités physiques permet d'acquérir différentes habiletés au plan individuel et social, comme la résolution de problèmes et la coopération. À 10 ou 12 ans, il est préférable de miser sur le développement à long terme et ne pas se concentrer sur une seule discipline. »

Camille Bourdeau-Marcil s'amuse, ça ne fait pas de doute. « Elle joue au soccer parce qu'elle aime courir, dit sa mère, Stéphanie Bourdeau. À la récréation, elle est toujours en train de courir, de jouer à la *tag*. » Tout indique qu'elle n'arrêtera pas de courir de sitôt.

Quelle distance ?

L'Association internationale des fédérations d'athlétisme (IAAF) recommande des distances maximales selon l'âge pour une séance de course. Certains les jugent trop courtes, d'autres trop longues. Le volume hebdomadaire total ne devrait cependant pas excéder le double de ces distances.

- moins de 9 ans : 3 km
- 9 à 11 ans : 5 km
- 12 à 14 ans : 10 km
- 15 à 16 ans : 21,1 km
- 17 ans : 30 km
- 18 ans : 42,2 km

Attention ! Le règlement de sécurité de la Fédération québécoise d'athlétisme (hors stade et sur route) stipule que les jeunes de moins de 16 ans ne peuvent participer à des épreuves de plus de 5 km. Cette réglementation (de 2002) sera revue en 2013 afin que les épreuves sur route soient mieux encadrées.

Gare à la restriction alimentaire

« Les besoins nutritionnels de l'adolescente sont plus grands parce qu'elle est en période de croissance, et c'est d'autant plus marqué si elle est sportive. Ses besoins en calcium, en fer et en protéines sont particulièrement importants, note Marielle Ledoux, directrice du Département de nutrition à l'Université de Montréal. Or, certaines adolescentes ne sont pas à l'aise avec leurs nouvelles formes. Pour limiter les changements, elles font de la restriction alimentaire et s'entraînent intensivement. »

Les conséquences possibles ? Un arrêt des menstruations (aménorrhée), un plus grand risque de fracture de stress (déminéralisation osseuse) et l'apparition de troubles de comportements alimentaires, tels que l'anorexie et la boulimie. On parle de « triade de la sportive » lorsque surviennent conjointement ces manifestations, parfois à l'origine d'un retard de croissance.

Chez les coureuses de haut niveau, il semble y avoir une association entre troubles de comportements alimentaires et sports d'endurance. Selon une étude norvégienne, le quart des coureuses élites (de 12 à 35 ans) en souffrent. L'anorexie est d'ailleurs surreprésentée chez les coureuses élites : 3,9 % au lieu de 1 %, selon des chercheurs anglais.

LE CYCLE MENSTRUEL ET LA PERFORMANCE : DES MONTAGNES RUSSES

Véritables montagnes russes de changements hormonaux, le cycle menstruel joue-t-il sur la performance sportive ? Oui, répondent en chœur les coureuses expérimentées. Non, disent les scientifiques. En fait, la réponse au cycle menstruel est fortement individuelle. Chaque femme réagit différemment, plus ou moins fortement.

« Je me sens particulièrement fatiguée la semaine avant mes menstruations. Je dois alors modifier mon entraînement à la baisse », confie la coureuse Isabelle Ledroit.

« En période ovulatoire, je suis plus fatiguée. Il n'y a rien à faire, je dois me reposer », dit Marie-Caroline Côté. Par contre, mes menstruations ont déjà déclenché le matin d'un marathon et, contrairement à mes craintes, j'ai très bien performé. » C'était au marathon de Montréal en 2010, où elle a terminé cinquième.

Rouge victoire

En 1996, Uta Pippig a remporté le marathon de Boston malgré des crampes et le déclenchement de ses règles... durant la course. La coureuse allemande a franchi le fil d'arrivée avec un filet de sang et de la diarrhée sur les jambes et elle a été couronnée championne, une serviette nouée autour de la taille. Elle a été la première femme à remporter le mythique marathon trois fois d'affilée (de 1994 à 1996).

« Avec l'âge, les symptômes prémenstruels sont plus présents, note de son côté la coureuse de renom Myriam Grenon. Certaines journées sont plus difficiles, peut-être pas idéales pour une longue sortie. La journée avant les menstruations, je frappe un mur, il m'arrive de changer mon plan d'entraînement. »

Des résultats variés

Le niveau d'énergie, les symptômes physiques et les troubles de l'humeur peuvent assurément moduler la réponse à l'entraînement. Cependant, les résultats scientifiques sont on ne peut plus variés : des chercheurs ont suggéré que les sportives sont plus endurantes en période postovulatoire, alors que d'autres, avant d'être contredits, ont allégué que les athlètes olympiques battent plus de records après leurs menstruations. Des études ont aussi révélé que le chrono des nageuses est moins bon en période prémenstruelle et que les skieuses de fond seraient plus performantes en périodes postovulatoire et postmenstruelle.

Des Suédois ont signalé des risques accrus de blessures traumatiques en phase prémenstruelle et menstruelle chez les joueuses de soccer. Ils soutiennent que la sécrétion de relaxine, augmentée lors des menstruations, contribue à la laxité ligamentaire et peut affecter la coordination. On suppose que les femmes rapportent plus de blessures à l'approche des menstruations parce que le niveau d'œstrogène (qui diminue la perception de la douleur) est à son plus bas dans le cycle. « Certaines femmes ont des cycles menstruels avec des symptômes marqués et, dans certaines périodes du mois, elles sont plus vulnérables quant à la perception de la douleur et à la laxité ligamentaire. Elles présentent alors plus de risques de se blesser », soutient le physiothérapeute Blaise Dubois.

Selon une revue de la littérature de l'Université de Colombie-Britannique, 37 à 63 % des athlètes ne rapportent aucune baisse de performance selon la phase du cycle, tandis que 13 à 29 % signalent même une amélioration de leurs performances durant leurs menstruations.

En fin de compte, il n'y a aucun consensus scientifique. Les échantillons sont petits, les niveaux de condition physique sont divers et la définition des phases du cycle varie d'une étude à l'autre. Les résultats sont donc difficiles à interpréter. En fait, l'ensemble des recherches indique que ni la phase du cycle menstruel ni la prise de contraceptifs oraux n'influe vraiment sur la performance sportive.

« Sur le terrain, on remarque plus de problèmes en période prémenstruelle que pendant les menstruations, indique Mireille Belzile. Certaines ont des symptômes prémenstruels importants, comme des ballonnements, de l'insomnie et de l'irritabilité, et cela peut probablement jouer. Mais si le cycle est régulier, il n'y a pas d'impact. D'ailleurs, les preuves scientifiques ne démontrent pas d'effet. »

« Selon mon expérience de supervision avec les coureuses, l'effet est variable, dit François Lecot. Chez certaines, il faut temporairement réduire le volume d'entraînement peu avant et pendant les menstruations. D'autres préfèrent diminuer l'intensité. D'autres encore prennent des journées de repos au lieu de s'entraîner. »

Selon Myriam Grenon, l'important est de s'écouter. « L'erreur de bien des femmes est de suivre un plan d'entraînement à la lettre. Sur papier et en pratique, c'est parfois différent. »

Des chaussures adaptées à notre cycle ?

En 2010, Asics a lancé une chaussure qui s'adapte à notre cycle menstruel. À son pic lors de l'ovulation, l'œstrogène augmenterait l'élasticité du fascia plantaire et du tendon d'Achille et modifierait la hauteur de la cambrure du pied. Le schéma de course serait altéré et le risque de blessure pourrait être accru, selon le fabricant. Le modèle GEL-Kayano 16, muni d'un espace vide sous l'arche, s'adapterait à la position plus basse du pied et réduirait la tension sur le tendon d'Achille. Efficace ? En attendant des preuves, on salue la stratégie marketing !

Tenir un journal

Pour nous aider à repérer les moments de notre cycle menstruel durant lesquels nous sommes plus fatiguées et symptomatiques, il est utile de tenir un journal. On peut y noter la date des menstruations et leur durée, nos symptômes et les moments auxquels ils surviennent, notre alimentation, nos sensations à la course et les irrégularités s'il y a lieu. Nous pouvons ainsi optimiser la planification de nos entraînements. Pour les coureuses branchées, il existe des applications téléphoniques permettant de tenir un journal intime des cycles menstruels !

J'ai du retard !

Le stress de la course peut retarder les règles. Cela est arrivé à Myriam Grenon au moins trois fois. « Je devais avoir mes menstruations avant le marathon. Elles se sont déclenchées la journée suivante, une fois le stress retombé. »

Attention à l'aménorrhée

Chez les femmes qui s'entraînent beaucoup, le cycle menstruel peut être chamboulé et, à un moment, les menstruations peuvent disparaître. « L'aménorrhée survient s'il y a progression trop rapide du volume ou de l'intensité de l'entraînement. Chez les jeunes filles, il y a un retard dans l'apparition des menstruations. À long terme, cette absence de menstruations a un impact négatif sur la densité de la masse osseuse et peut entraîner une ostéoporose précoce », indique Mireille Belzile. Chez les femmes en âge de procréer, cela peut également causer des problèmes de fertilité. Si les menstruations deviennent irrégulières, on mange davantage, on réduit son entraînement et on consulte son médecin.

Gare à la carence en fer

Près de 20 % des femmes au pays souffrent d'une carence en fer. Selon les recommandations de Santé Canada, les femmes de 18 à 50 ans doivent consommer 18 mg de fer par jour (8 mg chez les hommes) en raison des menstruations. « Les femmes dont les menstruations sont abondantes devraient apporter une attention accrue à leur apport en fer », note Marielle Ledoux.

Le fer permet notamment de faire circuler l'oxygène dans le sang (par l'hémoglobine) et de régénérer les cellules. Les symptômes d'une carence ? Maux de tête, fatigue, irritabilité. À l'entraînement, on peine à suivre le programme, on récupère moins bien et la performance s'en ressent inévitablement. La carence en fer peut avoir des conséquences néfastes sur la santé, dont une réduction des performances intellectuelles et une diminution de la résistance aux infections. Durant la grossesse (27 mg de fer par jour sont alors recommandés), une déficience en fer augmente le risque de prématurité et de bébé de petit poids.

« Le tiers des athlètes auraient une carence en fer et 10 % d'entre eux auraient une anémie diagnostiquée. Chez les femmes anémiques, l'apport en fer n'est pas suffisant à la base », indique Marielle Ledoux. Les hommes, eux, souffrent plutôt d'anémie lorsqu'il y a surentraînement. Le truc de la coureuse élite Marie-Caroline Côté ? « Je mange une petite ration de boudin noir chaque semaine. J'ai connu plusieurs coureurs en anémie. La course est exigeante pour le corps, il a besoin d'un apport nutritionnel de qualité et de beaucoup de fer. »

On trouve du fer hémique dans la viande rouge, la volaille, le poisson et les fruits de mer. Le fer non hémique, plus difficilement absorbé par l'organisme, est présent dans les légumineuses et les produits céréaliers à grains entiers (plusieurs produits commerciaux en sont enrichis). Celui-ci doit être consommé avec de la vitamine C pour une meilleure absorption. On évite de consommer du thé, du café ou du cacao en même temps que le fer non hémique, car ils nuisent à son absorption.

LA GROSSESSE : COURIR POUR DEUX

Le ventre rebondi et les regards tournés vers elle, Claudie-Anne Morin a couru jusqu'à sa trente-septième semaine de grossesse. Un jogging léger de 30 minutes environ trois fois par semaine. « Ça me faisait énormément de bien. J'ai eu beaucoup d'énergie jusqu'à l'accouchement. » Pour cette sportive, il était hors de question de cesser de bouger pendant neuf mois. Au contraire.

« La course à pied m'a aidée à traverser les légères fatigues lors du premier trimestre. J'ai beaucoup ressenti son effet antistress. Je devais apprivoiser ma vie de future maman tout en vivant une période intense au travail. J'avais de nouvelles responsabilités et une grosse charge de travail. » Courir lui a permis un lâcher prise salutaire.

Il n'y a pas si longtemps, on recommandait aux femmes enceintes de se ménager pour ne pas nuire au fœtus. Malgré les évidences, le mythe perdure. Encore aujourd'hui, certaines femmes croient à tort que l'activité physique augmente le risque de fausse couche, de bébé de petit poids et de complications néonatales.

« Jamais il n'a été démontré que la pratique d'activités physiques, avec ou sans sauts, nuisait au bébé et à sa mère. Les femmes actives doivent continuer de l'être », indique le docteur Michael Kramer, professeur de pédiatrie, d'épidémiologie et de biostatistique à l'Université McGill.

Une catastrophe assurée, la course à pied? Pas du tout! On sait aujourd'hui qu'il est bénéfique de bouger (et de courir) pendant la grossesse, si notre cas ne présente pas de contre-indication connue.

Attention! Il faut d'abord obtenir le feu vert de son médecin. « Je ne recommanderais pas à une femme de se mettre à la course à pied si elle n'a jamais couru avant. C'est un sport exigeant qui, s'il est inhabituel chez une personne, peut être très stressant pour l'organisme », indique Émilie Lachance, professeure au Département des sciences de l'activité physique de l'UQTR.

LE FEU VERT DU MÉDECIN

Avant d'entreprendre toute nouvelle activité physique ou de poursuivre celle que nous pratiquons déjà, mieux vaut aviser notre médecin.

On arrête de courir (et on voit notre médecin) en présence des symptômes suivants :

- le souffle excessivement court;
- des contractions utérines douloureuses;
- des étourdissements, des malaises, une vision embrouillée;
- des saignements;
- des pertes vaginales (fuite possible de liquide amniotique);
- une douleur importante à la poitrine, au pubis, aux mollets;
- une fréquence cardiaque anormalement élevée au repos.

Les points suivants sont des contre-indications absolues :

- les membranes rompues, un travail prématuré;
- des saignements persistants au deuxième ou au troisième trimestre (*placenta praevia*);
- une hypertension due à la grossesse ou une prééclampsie;
- un col utérin problématique;
- une évidence de retard de la croissance intra-utérine;
- une grossesse multiple (par exemple, des triplés);
- un diabète de type 1 incontrôlé, une hypertension, un problème thyroïdien ou d'autres maladies des systèmes cardiovasculaire, respiratoire ou systémique.

Source : Extrait du questionnaire *X-AAP*, Société canadienne de physiologie de l'exercice.

Pourquoi bouger ?

« Parmi les bienfaits suggérés de la pratique d'activités physiques chez la femme enceinte, on note l'amélioration de la circulation sanguine, un meilleur contrôle du gain de poids, une diminution des risques de développer un diabète gestationnel et un diabète de type 2 à long terme, un meilleur sommeil, moins de constipation et moins de risques d'accoucher d'un bébé de plus de 4 kg (macrosomie) », affirme Émilie Lachance. Bouger contribue également à réduire le stress, l'inconfort et la sévérité des vergetures. Les femmes enceintes actives ont aussi tendance à avoir une meilleure image d'elles-mêmes. « C'est très bon pour l'état d'esprit de la femme, pour l'aider à mieux vivre la grossesse », souligne le docteur Kramer.

Il n'est cependant pas démontré que l'activité physique facilite l'accouchement. « Il n'y a aucune évidence que cela réduise la durée des contractions, la douleur de l'accouchement, le besoin d'anesthésie ou le recours à la césarienne », indique l'expert.

Néanmoins, les femmes actives semblent avoir moins de complications néonatales (notamment moins de césariennes) et récupérer plus facilement. Selon une étude norvégienne publiée en mai 2012 dans *Medicine and Science in Sports and Exercise,* l'activité physique tend à retarder la date d'accouchement. « Contrairement à la croyance, les risques d'accouchement prématuré seraient moindres que chez les sédentaires », dit Émilie Lachance.

Et le fœtus ? Certaines recherches montrent que « les enfants de mères physiquement actives durant la grossesse tolèrent mieux le stress physiologique lié à la naissance, ont un pourcentage de graisse moins élevé jusqu'à 5 ans, ont des habiletés motrices supérieures à l'âge de 1 an et ont de meilleures performances intellectuelles à 5 ans », indique Kino-Québec dans son avis *Active pour la vie – l'activité physique pendant et après la grossesse* (2012).

Peu actives

À peine 3 % des femmes enceintes rencontrent les recommandations de l'American College of Obstetrician and Gynecologists. Au Canada, 30 % des femmes enceintes marchent 10 000 pas par jour, comme recommandé. Même les femmes déjà actives n'y échappent pas. Selon une étude norvégienne, moins de la moitié des femmes qui étaient actives avant la grossesse ne le sont plus à la trentième semaine de gestation.

Le docteur Michael Kramer émet cependant un bémol. Les expériences menées sur les femmes enceintes et le sport sont peu nombreuses. Souvent, les échantillons étudiés sont petits et peu représentatifs. « Les informations que l'on a sont tirées d'études observationnelles qui comportent souvent des biais. Les femmes enceintes actives sont généralement en bonne santé à la base. Il est donc difficile de démontrer que l'exercice en lui-même a des bienfaits. On sait du moins qu'il n'y a pas de danger », souligne-t-il.

Un corps qui change

Tout au long de la grossesse, le corps de la future maman subit d'importants bouleversements, et ce, dès les premières semaines : augmentation du poids et changement du centre de gravité, dépense énergétique augmentée pour le même effort, augmentation du volume sanguin associée à une fréquence cardiaque plus élevée au repos et laxité des ligaments.

« On doit adapter l'entraînement à notre condition, conseille Émilie Lachance. Il est important d'être toujours à l'écoute de notre corps, des symptômes et du niveau de fatigue. La grossesse n'est pas le moment idéal pour tenter de battre des records. On ne doit pas pousser la note, et ce, même chez les athlètes de haut niveau. »

Enceinte de son deuxième garçon, Andrée Cantin, 34 ans, a couru jusqu'à sa vingt-sixième semaine de grossesse. Boulimique de sport, elle a été contrainte de mettre la pédale douce dès le début. « J'avais des nausées incroyables. Marcher me donnait des maux de cœur ! J'ai dû couper temporairement mon entraînement, ça a été difficile », raconte-t-elle. Elle a repris les séances au bout de deux mois avec modération. « Le corps te dit de ralentir. Le souffle est plus court, la bedaine est lourde, le corps se fatigue rapidement et récupère moins vite après l'effort. »

Ne pas se fier à la montre fréquencemètre

Durant la grossesse, la coureuse doit absolument modifier ses fréquences cardiaques cibles, puisque le cœur travaille plus fort. Les femmes enceintes de 20 à 29 ans doivent viser une fréquence à l'effort de 135 à 150 pulsations par minute, tandis que les femmes de 30 à 39 ans doivent viser une fréquence de 130 à 145 pulsations par minute. Pour les femmes sédentaires, on soustrait 10 ; pour les femmes plus actives, on ajoute 10.

Andrée a accepté de courir moins vite et moins longtemps, et de s'accorder des journées de repos. « Je bougeais pour me tenir en forme, pour préserver ma musculature et pour repartir de moins loin en compétition. C'était aussi essentiel à mon moral. » Elle tenait néanmoins à participer au Défi des escaliers (13 km). « Je l'ai fait avec une amie, pour le plaisir, sans aucun esprit de compétition. J'avais des contractions, je devais être vigilante. » Elle a beaucoup marché et a terminé parmi les dernières dans sa catégorie. Deux ans plus tôt, elle avait terminé quatrième.

Quand elle a senti trop d'inconfort, elle a complètement cessé de courir et s'est concentrée sur la natation, le vélo et le patin à roues alignées !

User de prudence*

Partir bien équipée. Avec le gain de poids et l'arche plantaire qui risque de s'affaisser, il est d'autant plus important d'avoir de bons souliers. Parce que la poitrine s'alourdit et devient souvent plus sensible, il faut aussi un bon soutien-gorge de sport. Pour plus de confort, certaines coureuses utilisent une ceinture pelvienne.

Être capable de parler. Lorsqu'on court, l'intensité maximale devrait être telle que l'on soit capable de parler pendant l'effort, mais incapable d'entretenir une conversation soutenue.

Opter pour un terrain plat. Avec la bedaine qui pousse, les risques de déséquilibre sont plus grands, il faut éviter les terrains propices aux chutes. Avec la sécrétion de relaxine, la plus grande flexibilité des articulations augmente le risque d'entorses. L'hiver, on court sur une piste intérieure ou sur tapis roulant.

Se tenir loin de la chaleur. Il ne faut pas courir par temps chaud et humide et il faut boire de l'eau régulièrement. Une déshydratation peut occasionner des contractions prématurées. Aussi, si on a des diarrhées, il faut être encore plus vigilante.

Être patiente lorsqu'on est débutante. Il n'est pas suggéré de commencer à courir lors d'une grossesse, mais si on le fait malgré tout, on attend le deuxième trimestre pour s'y mettre. La progression à l'entraînement doit être très lente chez la femme enceinte.

Renforcer le périnée. Pendant et après la grossesse, il est recommandé de faire des exercices de renforcement du plancher pelvien afin de prévenir l'incontinence urinaire et la descente d'organes.

Manger à sa faim. Si l'on court l'estomac dans les talons ou que l'on n'adapte pas son alimentation, on peut avoir des faiblesses. Pendant la grossesse, une femme qui a un poids santé devrait consommer 400 calories de plus par jour, soit l'équivalent d'une collation supplémentaire. Il faut éviter de manger pour deux !

*Merci à Émilie Lachance, professeure clinicienne au Département des sciences de l'activité physique à l'UQTR, et à Émilie Brunet-Pagé, sage-femme et candidate à la maîtrise en sciences de l'activité physique, pour leurs conseils.

Après l'accouchement

Bouger une fois que le bébé est arrivé contribue à réduire le *baby blues*, favorise la perte de poids, réduit la fatigue et le stress et améliore l'image de soi. Quand court-on? Après six semaines dans le cas d'un accouchement par voie vaginale, et après trois mois dans le cas d'une césarienne. « On attend d'avoir l'accord du médecin, lors du rendez-vous prévu six semaines après l'accouchement », indique Émilie Lachance. Il s'assurera que le plancher pelvien est prêt à l'effort.

Je ne produis plus de lait ! « L'activité physique, si elle est pratiquée de façon modérée, n'altère pas la production de lait, ni dans sa quantité, ni dans sa qualité », assure le docteur Michael Kramer. Par contre, les femmes qui s'entraînent trop intensivement ou qui perdent du poids trop rapidement peuvent remarquer une diminution de leur production de lait. « La période de l'allaitement occasionne une dépense énergétique très grande, plus que pendant la grossesse. Alors, les femmes de poids santé devraient consommer jusqu'à 600 calories de plus par jour par rapport la normale », dit Émilie Lachance. Lors d'un entraînement très vigoureux, on trouve davantage d'acide lactique dans le lait maternel, mais ce n'est aucunement nocif pour le bébé et le goût du lait n'en serait pas altéré.

Des seins douloureux ? Les seins seront moins lourds et moins sensibles si l'on court après avoir allaité ou tiré son lait, mais un bon soutien-gorge est de mise.

Zzz... « On se donne le droit d'être fatiguée et de ne pas suivre son plan de match, dit Émilie Lachance. La grossesse est tout un marathon, et les nuits qui suivent sont souvent bien courtes. Il faut se donner le temps de récupérer. C'est une période d'adaptation importante, et on apprend à vivre avec cette nouvelle réalité. On mise donc sur un retour progressif. »

Avec bébé, bonne idée! Courir avec la poussette fait augmenter la perception de l'effort ainsi que la dépense énergétique de 10 %, selon certaines études. Si la poussette est conçue pour la course, il semble ne pas y avoir de changement dans la posture ni dans l'amplitude de la foulée. On porte une attention marquée à la position du bébé et, chez les nouveau-nés, on privilégie l'utilisation d'une fixation de type hamac. Eh non, les vibrations ne sont pas mauvaises pour le poupon!

Plus jamais compétitive? Il est tout à fait possible de retrouver un niveau de condition physique comparable à celui d'avant la grossesse. On a vu des athlètes améliorer leurs marques personnelles à peine six mois après l'accouchement! Attention au surentraînement cependant.

PENDANT ET APRÈS LA MÉNOPAUSE: JAMAIS TROP TARD

Monique Saint-Cyr, 68 ans, ne manque jamais un entraînement. Elle court jusqu'à cinq fois par semaine. beau temps, mauvais temps. « Ça me repose, ça me donne de l'énergie. Je suis beaucoup plus en forme que les femmes de mon âge. J'ai l'air plus jeune aussi. La course y est assurément pour quelque chose. » Dans sa tête, elle a toujours 22 ans, dit-elle.

« On ne peut pas renverser ni stopper le vieillissement, mais on peut définitivement le ralentir par la pratique d'activités physiques », affirme Isabelle Dionne, chercheuse au Centre de recherche sur le vieillissement et professeure à la Faculté d'éducation physique et sportive de l'Université de Sherbrooke. Les activités physiques, comme la course à pied, contribuent à réduire les changements de composition corporelle (dont la fameuse accumulation de gras abdominal) ainsi que le risque d'obésité, de maladies cardiovasculaires, de cancer du sein, de diabète de type 2, d'hypertension artérielle, d'ostéoporose et même de démence.

Risque de fracture diminué

Sait-on qu'une femme de 50 ans et plus sur six risque de se fracturer la hanche ? La pratique régulière d'activités physiques ciblées, comme la course à pied, peut réduire de 20 à 35 % le risque de fracture. « Les suppléments de calcium et de vitamine D ne sont pas une panacée, indique Guy Thibault. C'est l'activité physique qui envoie le message au calcium de se déposer là où les os en ont le plus besoin. »

En fin de compte, bouger retarde la perte d'autonomie (et la nécessité d'être institutionnalisée) d'au moins 10 ans, à condition d'être active au moins 150 minutes par semaine. « C'est significatif comme impact sur la qualité de vie », précise Isabelle Dionne. Chez les coureurs assidus, l'apparition d'une incapacité physique légère et modérée est retardée de 16 ans, selon des chercheurs de l'Université Stanford. Ils souffrent aussi moins de cancers et de troubles neurologiques. La course à pied retarde même la mortalité d'au moins 5,6 ans chez les femmes, selon une étude danoise. Vivre mieux et plus longtemps ? Une offre qui ne se refuse pas !

Porte d'entrée du vieillissement, la ménopause survient en moyenne à 52 ans. Elle peut débuter à 42 ans comme à 56 ans et se vit sur plusieurs années. « C'est un moment charnière dans la vie d'une femme. Plusieurs changements liés au vieillissement, comme la perte de masse osseuse et le gain de masse graisseuse, sont accélérés pendant cette période. Pour plusieurs, c'est un coup de fouet », note Isabelle Dionne. Chez les hommes, ces changements sont plus subtils et prolongés.

Nous vieillissons toutes, c'est inévitable. Chacune à notre façon. « En dehors de l'âge chronologique, le vieillissement est un processus tellement hétérogène qu'il est difficile d'en donner une définition claire. Il y a un déclin des fonctions dû à la sénescence des cellules, mais le processus est différent d'une personne à l'autre », indique Isabelle Dionne. Selon notre bagage génétique, notre milieu socioéconomique, notre vécu, nos habitudes de vie et même notre perception de la vieillesse, le déclin sera plus lent ou plus rapide, mais inévitable. « Il est intéressant de savoir que l'activité physique a un impact sur toutes les fonctions affectées par le vieillissement. »

De 25 à 80 ans, la masse musculaire des femmes fond de 35 à 60 %, et ce, de façon particulièrement marquée après 50 ans. « Directement liée à la masse musculaire, l'efficacité du métabolisme de base est aussi diminuée de 2 à 3 % par décennie après 25 ans. Comme les dépenses énergétiques pour fonctionner sont plus faibles, les risques d'obésité sont plus élevés », indique Marielle Ledoux, directrice du Département de nutrition à l'Université de Montréal. Comme si ce n'était pas assez, nos capacités à utiliser les lipides (graisses) mis en réserve diminuent également dès la ménopause.

De fait, chez les 55 à 64 ans, une femme sur trois est obèse. On commence à accumuler de la graisse à la taille, et ce, avant même la ménopause. Selon une étude parue dans le *Journal of Clinical Endocrinology and Metababolism*, des femmes de 45 ans ont vu leur tour de taille augmenter de 5,7 cm en à peine six ans. « Même chez les femmes qui maintiennent leur poids, la composition corporelle change en raison du bouleversement hormonal », précise Marielle Ledoux.

Symptômes allégés ?

Des chercheurs avancent que, chez certaines femmes actives, les symptômes liés à la ménopause sont allégés. Moins de bouffées de chaleur, moins de troubles de l'humeur. Les études sont néanmoins controversées. « On se questionne. Y a-t-il un réel allègement des symptômes ou les femmes actives sont-elles généralement moins affectées par des stress physiologiques ? Ce qui est clair, c'est que bouger ne nuit pas », dit Isabelle Dionne.

Bouger pour mieux vieillir

« Pendant la ménopause, bouger amenuise de beaucoup l'ampleur des changements liés au vieillissement et prévient un déclin hâtif après la ménopause », affirme Isabelle Dionne. C'est vrai même si on n'a jamais été active avant. « Selon une étude scandinave récente, une personne qui commence à s'entraîner après 50 ans peut annuler en sept ans les effets négatifs de plusieurs décennies de vie sédentaire, affirme Guy Thibault. On voit déjà des bienfaits importants après six mois. »

Doris Fortin, 50 ans, est ménopausée depuis trois ans. Elle s'est mise à la course à pied l'an dernier avec pour objectif de compléter une épreuve de 21,1 km. Ce qu'elle a fait depuis deux fois plutôt qu'une. « Je voulais me prouver que, à mon âge, je suis encore bien vivante et que mon corps est capable de performance et de sortir de sa zone de confort. »

Depuis qu'elle court, elle se sent mieux dans sa peau. « Mon corps a changé en mieux et c'est merveilleux pour l'estime de soi, surtout chez une quinquagénaire célibataire, confie-t-elle. Je fais plus attention à ce que je mange et à ce que je bois et j'ai presque cessé ma consommation d'alcool. J'ai aussi joint un groupe de coureurs qui sont extraordinaires. La course a brisé un certain isolement dans lequel j'étais. »

Les coureuses connaîtront souvent leurs meilleures performances avant 40 ans. Celles qui débutent sur le tard peuvent, quant à elles, s'attendre à une progression pendant plus ou moins 10 ans, avant que la courbe ne s'inverse.

« En vieillissant, le chrono changera inévitablement. On va courir plus lentement, mais la capacité de courir longtemps restera. À moins que les problèmes musculosquelettiques ne se mettent de la partie », indique Isabelle Dionne. Parce que les muscles sont moins forts et moins souples, l'impact des vibrations sur les articulations est plus grand et le risque de blessures, plus élevé. C'est vrai chez les hommes comme chez les femmes. Et, lorsqu'on est blessé, la récupération peut être deux fois plus longue que dans les jeunes années. « Il est donc très important d'ajouter des exercices de musculation pour éviter les blessures », dit-elle. On ne doit pas changer sa façon de courir, mais user de prudence et écouter son corps.

Je n'ai pas soif !

Nous transpirons pour maintenir la température corporelle adéquate et éviter la surchauffe. En vieillissant, le système de thermorégulation perd de son efficacité. Il faut en tenir compte lorsqu'on court : on est plus vulnérable aux coups de chaleur. « Après la ménopause, il y a un délai dans le déclenchement de la transpiration à l'effort. C'est donc plus difficile de dissiper la chaleur, dit Marielle Ledoux. Il est important de boire de petites gorgées sur une base régulière, surtout s'il fait chaud. » À noter que la sensation de soif est aussi moindre.

C'est aussi ce que conseille l'entraîneur Jean-Yves Cloutier aux coureuses de 50 ans et plus. « Je vois la ménopause comme une zone de turbulences. La logique derrière un entraînement ne tient plus. On passe au travers en s'ajustant constamment, puis le calme revient. Je ramène alors le nombre de séances de course à trois par semaine et j'ajoute des exercices de musculation et de flexibilité. » Il fait de même pour les hommes.

Plus on court pour le plaisir (et non pour les résultats), plus le déclin des performances est facile à accepter, fait remarquer le psychologue sportif Bruno Ouellette. « Se fixer des objectifs de temps est une erreur courante parmi les coureurs. Parfois, ça prend le dessus et si on performe moins bien, on perd de la motivation. On oublie d'apprécier l'activité en elle-même, les bienfaits qu'elle nous apporte. »

Des objectifs pour se garder allumée

- Se laisser tenter par une nouvelle expérience, comme le canicross ou la course en sentiers.
- Oublier nos records personnels établis à 30 ans. On établit nos marques personnelles sur cinq ans.
- S'inscrire à des courses à l'étranger. Quand les enfants ont quitté la maison et que l'on est retraitée, le moment est idéal pour voyager. Pourquoi ne pas combiner les deux ?
- Se tourner vers un objectif caritatif, amasser des fonds en courant pour une cause, participer à des courses caritatives...

Doris Fortin court toujours dans la joie. « J'ai du plaisir à courir depuis le premier jour. J'ai été encouragée à écouter mon corps, à demeurer dans le plaisir et non dans la performance. J'aime courir même l'hiver à −25 °C, j'éprouve alors un grand sentiment de satisfaction. J'ai réussi ma dernière course haut la main, j'ai profité de chaque instant et j'ai terminé avec le sourire. J'ai même versé quelques larmes à l'arrivée. »

De son côté, Monique Saint-Cyr a changé sa façon de voir le sport avec les années. Après 29 marathons en 19 ans, elle a réduit ses distances et calmé sa soif de performance. Elle court 20 km en 2 h 30 min, alors qu'elle l'a déjà fait en 1 h 42 min. « Plus jeune, je courais pour améliorer mes temps, j'étais en saine compétition avec les autres. J'aimerais retrouver mes jambes d'autrefois, mais je sais que c'est impossible », raconte-t-elle. En raison de bles-

Des protéines pour éviter les blessures

« Après une séance d'entraînement, il est important de consommer des protéines pour la réparation des tissus. C'est d'autant plus important chez les personnes âgées, puisque les tissus sont fragilisés et sont plus sujets aux dommages, aux blessures », indique Isabelle Dionne. Idéalement, on consomme des protéines et des glucides (un verre de lait au chocolat !) dans les 30 minutes qui suivent l'exercice. Et on prend un repas dans les deux heures suivantes.

Les femmes ménopausées ont tendance à perdre l'appétit. Si elles sont actives, elles le maintiennent davantage, souligne Marielle Ledoux. Elles doivent s'assurer d'avoir un apport énergétique suffisant pour maintenir la matrice osseuse et la masse musculaire.

sures aux genoux en ski de fond, son corps a ralenti. « Je ne peux plus prendre de la vitesse comme avant. Je cours maintenant pour participer et pour voyager. » Elle court aussi pour sa santé. « Je suis du type qui engraisse en regardant une tarte. C'est encore plus marqué depuis la ménopause. Si je ne courais pas, je serais certainement obèse. »

Elle apprend à se lancer de nouveaux défis. Comme ces escaliers qu'elle grimpe désormais pour s'entraîner. « Certaines femmes sont épuisées après avoir monté trois marches. Moi, j'en monte des milliers. Je suis fière de ce que je fais pour mon âge. J'aimerais continuer à courir à 80 ans, si la vie me favorise. » Elle souhaite aussi célébrer une trente-cinquième participation au 20 km du Tour du lac Brome. Elle a couru l'épreuve 33 fois jusqu'à présent ! Membre d'un club de course, elle continue d'apprendre sur le sport. « Je mets mes apprentissages en pratique, pour voir si cela réussit. C'est ce qui me pousse à continuer. C'est comme ça depuis 34 ans. »

Attention ! Il peut être bénéfique de courir même si on fait de l'ostéoporose, mais si l'ostéoporose est avancée, le stress imposé aux os peut provoquer une fracture. Mieux vaut en parler avec son médecin.

TOURNER LA PAGE

Gabrielle Poirier, 22 ans, Saint-Nicolas

Les jambes lourdes et le corps fatigué, Gabrielle a beaucoup marché à son premier demi-marathon. C'était en août 2012. Elle participait à l'épreuve de 21,1 km du marathon des Deux Rives, à Québec. Il faisait extrêmement chaud. Sur le boulevard Champlain, le soleil était cuisant. Elle a eu quelques étourdissements, des nausées. Elle a ralenti le pas, mais n'a pas lâché.

À 3 km de l'arrivée, dans le Vieux-Québec, elle a puisé en elle une énergie nouvelle. Elle a couru sans s'arrêter, portée par l'enthousiasme de la foule. Portée surtout par cette volonté de tourner la page sur son passé. « Quand j'ai atteint la ligne d'arrivée, je voulais pleurer tellement l'émotion était forte, mais j'étais trop à l'envers, trop épuisée. J'étais incapable de verser une larme. J'ai vu mes anciens professeurs, mes parents. Même mon chien était là. C'est la plus belle expérience de ma vie. »

Dans le brouillard

À peine entrée dans l'âge adulte, Gabrielle traîne déjà un lourd passé de toxicomane. À 12 ans, elle fumait de la marijuana. Elle consommait tous les jours, matin, midi et soir. Elle buvait un peu d'alcool. Même à l'école. Elle est aussi rapidement devenue accro aux amphétamines (de la *pinotte*). À 16 ans, elle en « sniffait » quotidiennement.

L'esprit constamment dans le brouillard, elle jouait les trouble-fêtes sur les bancs d'école. Elle s'amusait à déclencher des tempêtes pour tout, pour rien. Elle en garde peu de souvenirs, tous plus ou moins flous. « J'étais agressive avec les professeurs. Je parlais tout le temps, j'étais incapable de m'arrêter. J'ai même allumé un cigare en classe pour provoquer. J'avais juste le goût de foutre la merde. » Elle est devenue une habituée des suspensions.

Au bout de six mois de consommation intensive, elle a mis le genou par terre. Elle avait 17 ans et elle était au bout du rouleau, complètement K.O. « Je ne dormais plus, je ne mangeais plus. J'étais toujours étourdie. Mes genoux devenaient engourdis sans raison. Ça ne pouvait plus durer. » Elle est entrée en thérapie fermée, au centre Le Grand Chemin, de Québec. Elle y est restée pendant deux mois et demi. « Ça a été très difficile, mais je suis passée au travers. »

Durant son suivi externe de six mois, Gabrielle est restée sobre. Elle a tenté sans succès un retour aux études dans une école destinée aux adultes. Elle souffre d'un trouble du déficit de l'attention avec hyperactivité et, à l'époque, elle tolérait mal la médication. Découragée, elle a décroché avec, en poche, l'équivalent d'une deuxième secondaire.

Vulnérable, elle a célébré son dix-huitième anniversaire en baissant les bras. Rechute. « J'ai viré une brosse et j'ai recommencé à fumer du pot. Je sortais beaucoup, j'avais toujours soif. » La fête a duré deux mois. « Un soir, j'ai fait de la paranoïa. Tout m'est revenu dans la face. J'avais fait tellement d'efforts, je ne voulais pas tout foutre en l'air et retomber. » Son père l'a aussi menacée de la jeter à la rue. La pente a été difficile à remonter, mais elle s'en est tirée. « J'avais l'impression d'avoir déçu plein de gens. J'ai un bon cercle d'amis non consommateurs, rencontrés chez les Alcooliques anonymes. Ils m'ont beaucoup aidée. »

Avec un ami musicien, elle est partie tenter sa chance à Victoria. Elle est guitariste, bassiste et chanteuse. Elle est revenue au bout de trois semaines, désabusée et sans le sou. Son père lui a trouvé un petit boulot. Du ménage. Elle a vécu à gauche et à droite. Elle a déménagé quatre fois en un an. Puis, elle a été admise à l'École de la rue de la Maison Dauphine. L'établissement, unique en son genre, est destiné aux jeunes de la rue et aux marginaux. À peine 25 élèves y étudient simultanément. Les règles sont souples, le matériel scolaire et les repas santé, gratuits.

Tout semblait se mettre en place, mais à l'intérieur d'elle, c'était le maelström. Ça bouillonnait, ça tourbillonnait. « Je pétais tout le temps des coches. Je criais, je gueulais. J'étais très agressive et toujours frustrée. J'étais incapable de garder mes amitiés, mes *jobs*. J'avais l'impulsivité dans le tapis. » En août 2009, elle a été hospitalisée à l'hôpital Robert-Giffard après une tentative de suicide. Diagnostic : trouble de personnalité limite. Elle est *borderline*.

La course comme salut

Alors qu'elle vivait une douloureuse rupture amoureuse (« j'étais avec la même fille depuis trois ans »), le projet Cours ta réussite est arrivé dans sa vie comme un cadeau tombé du ciel. Inspiré du projet montréalais Étudiants dans la course, Cours ta réussite mise sur la course à pied et le mentorat pour favoriser la réussite scolaire et l'autonomie des jeunes.

« Je n'avais jamais couru avant. J'ai embarqué sans trop avoir d'attentes. Je fumais beaucoup, mon souffle était à zéro. Mon corps était lourd à porter. J'étais incapable de courir plus de 30 secondes d'affilée, mais ils nous encouragent tellement que j'ai continué. »

Depuis, elle a perdu 25 kg (55 lb) et elle a presque cessé de fumer. « Je grille une cigarette par jour, pas plus. » Elle a décroché son diplôme d'études secondaires et elle habite chez ses parents, avec qui elle s'est réconciliée. Elle est beaucoup moins agressive. « La course m'aide beaucoup à canaliser mes frustrations. C'est un excellent moyen de me défouler sans avoir à être en opposition dans mes relations interpersonnelles. Ça aide aussi ma concentration. »

Son mentor, Mélanie Truong, salue ses efforts. « Malgré ses difficultés, Gabrielle est persévérante et déterminée à atteindre ses buts. Elle me motive à me surpasser et à ne jamais abandonner. Nos différences de vécu ne nous ont pas du tout empêchées de créer un lien de confiance. Au contraire, nous avons développé une complicité remarquable qu'on qualifierait d'amitié. En plus de nous voir aux entraînements, nous nous rencontrons à l'extérieur pour souper ensemble, pour étudier ou tout simplement pour jaser. »

Courir le demi-marathon a été pour Gabrielle l'événement « le plus *hot* » de sa vie. Plus que sa désintoxication. Plus que l'obtention de son diplôme secondaire. « J'ai parcouru beaucoup de chemin en quelques années. Ce sont toutes des étapes cruciales dans ma vie, mais la course est au-dessus, probablement parce qu'elle englobe l'ensemble de mes réussites. J'y vois le symbole de ma nouvelle vie. Enfin, je peux me tourner vers l'avenir. »

En septembre 2012, elle a fait son entrée au cégep en sciences humaines. Elle aimerait commencer une technique en intervention en délinquance et ensuite travailler au Grand Chemin. Elle y est présentement gardienne de nuit sur appel. « Je comprends ces jeunes, je sais ce qu'ils vivent. Quand je les vois arriver si amochés, ça ne me donne vraiment pas le goût de recommencer. Je veux plutôt les aider. »

Son rapport conflictuel à l'autorité n'est pas tout à fait réglé, mais elle y travaille. « La course m'aide assurément à être plus posée. » La musique aussi. Elle joue de la basse dans un groupe de musique. Du *hardcore* hurlant, mais positif. Les membres du groupe ne consomment pas. « Le chanteur compose les paroles, nous la musique. C'est très stimulant. » Ils prévoient la sortie d'un premier album dans la prochaine année, que Gabrielle prévoit fort occupée.

Elle assure, bien entendu, qu'elle trouvera le temps de s'entraîner. « J'aimerais courir le marathon l'an prochain. » La course lui donne des ailes et, désormais, tout est possible.

5

À chacune sa course

La majorité des coureuses s'exécutent sur route, mais il existe bien d'autres façons de pratiquer la course à pied, car ce sport se décline en plusieurs variantes. Selon nos intérêts, nos aptitudes, notre tempérament et le temps que nous pouvons consacrer à l'entraînement, il existe assurément un type de course qui nous convient. Certaines courses sont très accessibles, d'autres constituent des épreuves extrêmes. D'autres courses encore sont tout simplement délirantes ! Pour quand on en a marre du bitume et des compétitions populaires, voici un aperçu des façons de courir autrement et tout aussi passionnément, témoignages de coureuses à l'appui.

L'AQUAJOGGING: COURIR DANS L'EAU

La piscine est réservée aux nageurs? Pas du tout! L'entraînement aquatique compte aujourd'hui plusieurs adeptes. Des blessés, des personnes âgées, mais aussi plusieurs athlètes. Les bienfaits de l'eau pour l'entraînement, la récupération active, la prévention des blessures et la réadaptation sont clairement démontrés.

Audrey Sylvestre, 39 ans, court sur route environ 60 km par semaine. Quand le médecin lui a annoncé qu'elle avait des fractures de stress et qu'elle devait temporairement cesser la course à pied, ça a été le choc. « J'ai besoin de bouger, j'en ai presque fait une dépression. » Qu'à cela ne tienne, elle a décidé de courir dans l'eau!

« Quand je suis arrivée à la piscine, je boitais. Je ne pouvais plus porter de talons hauts, j'avais constamment mal aux jambes et les douleurs me réveillaient la nuit. L'entraînement en piscine m'a permis de garder ma masse musculaire et de maintenir mes capacités cardiovasculaires sans mettre d'impact sur mes jambes », dit-elle. Six semaines après le début de son entraînement (supervisé par un kinésiologue), elle a pu participer à une compétition. « Je ne suis pas tout à fait guérie, mais j'ai pu courir sans trop de douleur. J'en ai pleuré de joie. » Elle reprend peu à peu la course sur route, mais elle n'a pas l'intention de délaisser la piscine pour autant. Une bonne façon d'éviter le surentraînement.

« Quand on bouge dans l'eau, on sent habituellement moins l'effort. On travaille aussi intensément, mais sans en avoir l'impression. Pour le même effort, le cœur bat moins vite (environ 10 battements de moins par minute) si le corps est immergé jusqu'au cou, notre corps ne pèse que 10 % de son poids habituel: une personne de 70 kg ne pèse donc que 7 kg », affirme Andrée Dionne, kinésiologue et responsable du Centre d'entraînement universitaire à l'UQAM. Le Centre sportif de l'UQAM offre un « gym liquide » muni d'équipement d'entraînement musculaire, de vélos et de tapis roulants aquatiques submergés, le premier du genre au pays.

« L'eau refroidit le corps, crée un effet de massage, diminue l'œdème et réduit les courbatures et les impacts sur les articulations des membres inférieurs. Pendant et après l'entraînement, la perception de fatigue est diminuée en raison de la flottabilité, et cela réduit les sollicitations musculaires qui agissent sur le système musculosquelettique. Cela permet une plus grande relaxation des muscles gravitationnels et la conservation de l'énergie. Même le temps de récupération est amélioré, car les déchets produits au cours de l'exercice sont éliminés plus rapidement. »

L'aquajogging se pratique en eau profonde avec une ceinture de flottaison qui permet de maintenir la tête hors de l'eau, de respirer normalement et d'accomplir le même type d'entraînement que sur terrain sec. Tout le corps est sollicité, surtout les jambes et les muscles stabilisateurs. Le tapis roulant, fait d'un rouleau à billes, est surtout utilisé en complément, pour le travail musculaire, en eau peu profonde. On fait des mouvements de ski de fond, du jogging vers l'arrière, des squats. La résistance de l'eau est 15 fois supérieure à celle de l'air !

Même les athlètes chevronnés trouvent leur compte dans l'entraînement en piscine. Les équipes de basket-ball, de soccer et de ski alpin des Citadins de l'UQAM s'entraînent en piscine. « Les recherches démontrent que, dans l'eau, on peut nettement améliorer sa puissance musculaire. Les risques de blessures sont diminués et les capacités cardiovasculaires, améliorées », indique Andrée Dionne. L'entraînement aquatique est donc utilisé comme entraînement complémentaire, mais aussi comme repos actif entre deux compétitions.

Comment débuter ?

- On se procure un maillot confortable. Un maillot sport d'une pièce est idéal.
- Pour déterminer la bonne ceinture à se procurer, il faut se fier à sa flottabilité et non au poids indiqué dans le guide du fabricant. Le port d'une ceinture adéquate permet de maintenir le bon mouvement, à la verticale.
- L'entraînement aquatique est contre-indiqué dans certaines conditions, comme certaines maladies de peau.
- Si le suivi est personnalisé, on peut pratiquer l'aquajogging même si on a peur de l'eau ou si on ne sait pas nager.
- On prend soin de bien s'hydrater avant, pendant et après l'exercice. On amène une bouteille d'eau sur le bord de la piscine ou on sort régulièrement pour boire à la fontaine.
- Si on souhaite avoir un programme personnalisé à faire seule, on s'informe auprès du Centre sportif de l'UQAM, qui a acquis une expertise, ou de la Fédération des kinésiologues du Québec pour se faire diriger vers un kinésiologue spécialisé en milieu aquatique.

LA COURSE EN VOYAGE : DES GLOBE-TROTTERS ACTIVES

Pour My-Lan Pham-Dang, 34 ans, voyage et course à pied sont indissociables. « L'un ne va pas sans l'autre. » Coureuse depuis trois ans, elle a déjà un impressionnant journal de bord. Elle a couru à San Francisco, à Paris, à Singapour et à Hong Kong. En Turquie et au Vietnam aussi.

« Je traîne mes souliers partout où je vais, c'est incontournable. La course me permet de voir les villes autrement, de m'imprégner du quotidien des gens. Ça m'aide aussi à réduire l'effet du décalage horaire », dit-elle.

Elle planifie désormais le moment et l'endroit de ses vacances pour participer à des courses à l'étranger. « Ça a commencé avec le marathon de Chicago en 2009. Je souhaite maintenant faire tous les grands marathons. » Le prochain : New York. « J'ai réservé deux restaurants, un pour le *pasta party* la veille et l'autre pour nous récompenser après le marathon. Les festivités entourant la course, ça fait partie du plaisir. »

Patricia Tessier, 44 ans, voyage beaucoup, surtout pour son travail. C'est d'ailleurs pour cette raison qu'elle s'est mise à la course à pied il y a huit ans. « Dans l'avion, j'ai mes souliers de course aux pieds et je traîne toujours un short et une camisole. Courir est vraiment pratique. Tu peux le faire facilement au gym de l'hôtel ou à l'extérieur, pour explorer. »

Cette cadre a couru en Chine, un peu partout aux États-Unis et à Paris. « Jamais je n'avais vu le jardin du Luxembourg de cette façon. J'ai couru dans le bois de Boulogne et le bois de Vincennes alors que je n'aurais pas été portée à y aller avant. Courir en voyage, c'est une belle façon de joindre deux plaisirs. »

Elle a aussi participé aux marathons de Floride, de Chicago et de Boston. « Ça devient un événement. C'est une récompense après l'entraînement, le bonbon qui nous garde motivées. »

Comment débuter ?

- « Je demande au concierge de l'hôtel s'il connaît un parcours, s'il y a un parc près de l'hôtel », dit My-Lan Pham-Dang. On peut trouver un parcours sur mapmyrun.com ou par l'entremise d'un groupe de course local.
- Des visites guidées à pas de course sont proposées dans les grandes villes comme Copenhague, New York et Rome. Québec et Montréal aussi. On s'informe en ligne ou à l'office du tourisme local.
- « Quand je cours dans des endroits que je ne connais pas, je cours sans musique. Je veux être à l'affût de tout ce qui se passe autour », dit Patricia Tessier.
- « Je cours toujours le matin, avant la cohue, la circulation. La température est souvent plus propice, surtout dans les pays chauds », dit My-Lan Pham-Dang.
- Quand le quartier n'est pas sûr ou que l'hôtel est entouré d'autoroutes, Patricia Tessier opte pour le tapis roulant. Plusieurs aéroports, comme celui de Chicago, ont des salles d'entraînement. Lors d'une longue correspondance, on saute sur le tapis roulant !
- Si on souhaite s'inscrire à une grande course, mieux vaut s'y prendre tôt : certains événements affichent complet plusieurs mois d'avance. Des agences de voyages québécoises se spécialisent dans ce genre de forfaits. À noter que l'hébergement est toujours plus dispendieux les week-ends de course et que les frais d'inscription sont parfois exorbitants : 400 dollars pour New York !

Sur le sable

En vacances à la mer, il est tentant de courir sur la plage. On y va cependant avec modération ! Que l'on soit chaussée ou pas, courir dans le sable est très exigeant. « Le sol fuit sous les pieds, le griffé est plus grand. Y courir pieds nus peut être une bonne façon de renforcer la musculature du pied, mais on doit y aller progressivement en intensité et en durée pour éviter les blessures. On court près de l'eau, là où la surface est plus stable », conseille François Lecot, kinésiologue.

LE CANICROSS : FILER AVEC TOUTOU

Jamais Sandra Friedrich, 42 ans, n'aurait imaginé devenir coureuse. « Ça ne m'était même jamais passé par la tête. Je trouvais ce sport sans intérêt, à la limite stupide. » Puis, Sapi, un énergique berger australien, est arrivé dans sa vie. Et du coup, le canicross aussi. Le duo court cinq fois par semaine et file jusqu'à 18 km/h !

« Quand je cours avec Sapi, je ressens une sensation de liberté et de légèreté extraordinaire. Je suis en osmose avec la nature, avec mon chien. Nous sommes à l'écoute l'un de l'autre. J'ai appris à décrypter ses mouvements d'oreilles, d'épaules. C'est un dépassement commun », indique la Montréalaise, cofondatrice du club Les canisportifs. Les membres se rencontrent trois fois par semaine pour courir avec leurs compagnons à quatre pattes.

Le canicross est un heureux mélange de course à pied et de traîneau à chiens. Attelé à un harnais, le chien est relié à son maître par une corde élastique (de style *bungee*). Il tire en obéissant aux commandes et donne de la vitesse au coureur. L'effet de traction est encore plus marqué lors des montées. « On met à profit l'énergie du chien pour augmenter notre cadence, notre vitesse et notre endurance, indique Laurence Boudreault, instructrice de canicross et copropriétaire de FouBraque, dans la région de Québec. Le chien nous aide à avancer, tandis qu'on l'encourage. Une belle complicité se développe. C'est une synergie qu'on ne retrouve pas lorsque notre chien jogge à nos côtés. »

Pratiqué depuis près de 20 ans en Europe, le canicross est inspiré du *skijoring* norvégien. Ce sport a fait son apparition au Québec dans les années 2000. Le Championnat du monde de canicross, présenté à Saguenay en 2009, a donné un élan au sport. On estime à 500 le nombre de mordus. C'est peu, mais c'est deux fois plus qu'il y a trois ans. On trouve maintenant des clubs à Québec, à Montréal, à Trois-Rivières, à Drummondville et dans Lanaudière.

Johanne Laberge, 50 ans, vient de s'initier à ce sport avec son épagneul Sherlock. « Je ne suis pas une adepte de course à pied. Seule, je n'aurais probablement pas la motivation pour courir. Avec le chien, ça devient ludique. Je suis plus en forme et Sherlock dépense son surplus d'énergie. Il devient donc plus facile à contrôler à la maison. Quand on revient, il est calme. » Son conjoint court avec un setter irlandais. Désormais, leurs chiens les suivent dans presque tous leurs loisirs. « On découvre de nouveaux endroits, qu'on voit de façon différente. »

« Le sport attire des amoureux des chiens avant tout, souligne Laurence Boudreault. Dans les cours d'initiation, on trouve une majorité de femmes. Elles se mettent à l'exercice grâce à leur animal. Le chien joue un rôle de motivateur important. » Pourvu que la paire soit bien assortie. « On essaie de bien doser la force du chien qui, avec l'expérience, apprend à modérer, dit l'instructrice. Quand on réussit à aller chercher une bonne vitesse, c'est une sensation grisante. »

Mais quand on court rapidement, la foulée est amplifiée, le schéma de course, modifié, nous met en garde Sandra Friedrich. « On atterrit beaucoup sur les talons. Les risques de blessures sont plus grands. » Avec de la pratique et de la musculation, on peut diminuer ces risques.

Sandra Friedrich reste prudente, malgré un entraînement intensif. Elle souhaite créer une épreuve de longue haleine, soit 600 km par étapes, et y participer avec Sapi. Le rêve d'une vie. « Courir est devenu vital pour moi. Qui l'aurait cru ? »

Comment débuter ?

- On attend que le chien ait terminé sa croissance, vers 12 mois ou plus, avant de l'initier. On s'assure qu'il est en bonne santé et qu'il n'y a pas de contre-indications.
- On se procure l'équipement (harnais, ceinture, corde) dans les magasins spécialisés.
- On opte pour une progression lente. « J'ai commencé par 500 m, puis 1 km », dit Sandra Friedrich. Le chien s'habitue peu à peu au harnais, il trouve du plaisir sans être rassasié, tandis que l'on s'adapte à l'effort.
- On court en meute de préférence, l'apprentissage (par imitation) du chien est favorisé.
- On évite l'asphalte, qui irrite les coussinets des pattes. Si on débute, on préfère les sentiers plats exempts de racines et de cailloux.

- Tous les types de chiens peuvent courir avec un harnais, même les chihuahuas. On adapte la course selon le gabarit et le niveau d'énergie du chien.
- En tout temps, on respecte la limite de son chien. « Tracter lui demande un gros effort. Certains chiens sont fatigués après quelques kilomètres », dit Laurence Boudreault. Si le chien est très fatigué, un repos d'une journée ou deux est suggéré.
- Soyons averties : les chiens sont très compétitifs sur la ligne de départ et démarrent en trombe !
- L'été, on évite de courir par grande chaleur et on privilégie les sorties tôt le matin ou en soirée. « On opte pour les sentiers près de plans d'eau où le chien pourra se tremper », conseille Laurence Boudreault.
- L'hiver, on met bottines et manteau aux chiens plus frileux. On coupe le poil très court entre les coussinets des pattes pour éviter que la neige ne s'y accumule et ne blesse le chien. On garde aussi ses griffes courtes pour éviter qu'elles ne se coincent dans la glace.

Courir avec son chien

Une étude de l'Université du Missouri indique que les personnes qui courent avec leur chien sont davantage portées à poursuivre l'entraînement que celles qui courent seules ou avec une autre personne.

LA COURSE EN SENTIERS : LES REINES DE LA MONTAGNE

Samedi 13 octobre 2012. En ce matin frisquet, le mont Orford est particulièrement animé. Environ 1 700 coureurs se sont donné rendez-vous pour participer au Xtrail Asics, la course en sentiers la plus populaire du pays. Environ 40 % des participants sont des femmes. Elles sont ici pour s'amuser, pour la nouveauté ou, plus sérieusement, pour défier la montagne.

Roches, racines et boue. Les parcours particulièrement abrupts n'ont rien à voir avec la route. Rachel Paquette, de Victoriaville, file à vive allure sur ce terrain accidenté. À 25 ans, elle est l'une des meilleures coureuses en sentiers du Québec. Même les rigoles et les fines plaques de glace ici et là ne ralentissent pas sa cadence. Élancée, elle y va d'efficaces enjambées dans les cailloux menant à l'arrivée, au pied des pentes. Elle monte ainsi sur la plus haute marche du podium, avec un chrono de 2 h 23 min 30 s pour 21 km.

« Courir dans le bois, c'est le bonheur. J'ai l'impression d'être en symbiose avec l'environnement, de pouvoir comprendre comment la nature fonctionne, ça me ramène à la terre. C'est mon refuge », confie l'athlète. Émerveillée, elle dit avoir déjà couru avec des wapitis, dans l'Ouest canadien, où elle a participé à la Death Canadian Race, une épreuve de 100 km.

Rachel a commencé à courir il y a 10 ans, seule dans le bois, pour mieux traverser une dépression. « Je courais en sentiers sans montre, jusqu'à ce que je ne sois plus capable, confie-t-elle. Depuis, la course est pour moi la meilleure façon de penser, de gérer ma vie, de prendre de grosses décisions. Je cours tous les jours. » Jamais sur la route. « J'ai horreur du bitume, du plat. »

La course en sentiers organisée est un phénomène récent au Québec. Les premières épreuves ont été présentées en 2008. Le sport était populaire depuis longtemps en Europe (où c'est une tradition) et aux États-Unis. Ici, on compte les événements majeurs sur les doigts d'une main, mais plusieurs petites courses sont organisées un peu partout. Les adeptes sont au rendez-vous. Au mont Orford, les inscriptions ont plus que quintuplé en cinq ans !

Qu'est-ce que la course en sentiers ? « C'est un dérivé de la randonnée pédestre, avec des sensations plus fortes, qui exige un effort plus intense, note Daniel Des Rosiers, président du circuit québécois Courses en forêt. Les adeptes sont souvent à la recherche de sentiers aux dénivelés importants. Ils ont comme priorité la beauté des paysages et la difficulté du parcours. C'est un *happening*. Les gens viennent faire du sport ensemble et sont moins obsédés par le chrono. » D'ailleurs, il faut généralement compter deux fois plus de temps en sentiers que sur route pour compléter la même distance.

Marie-Josée Poirier, 36 ans, est adepte depuis un an. Elle adore la philosophie de ce sport. « On voit beaucoup d'entraide, de camaraderie. On rit ensemble. En course, on t'aide à te relever si tu tombes. On te prévient lors de passages plus difficiles, d'obstacles. L'esprit est moins compétitif et individualiste que sur route. »

Après avoir couru plusieurs marathons, dont celui de Boston, Chantal Bédard, 37 ans, s'est laissée tenter par l'épreuve de 10 km au mont Orford. Un baptême en sentiers qu'elle a apprécié. « C'est complètement une autre discipline, j'ai travaillé plus fort que lors d'un

La course sur mobilier urbain

À Montréal, une dizaine de femmes, âgées de 18 à 40 ans, se rencontrent une fois par mois pour courir la ville. Elles pratiquent l'art du déplacement, aussi appelé « parkour ». Ces « traceuses » grimpent sur des murets, font des roulades au sol, se faufilent sous des rampes d'escalier, enjambent des clôtures... en courant ! Plus de 1 000 traceurs, dont une poignée de femmes, ont fait de Montréal leur terrain de jeu depuis l'apparition du parkour dans la métropole en 2004. Les femmes, moins téméraires, peuvent être intimidées par les prouesses des hommes, d'où les rendez-vous féminins. Les femmes s'échangent leurs trucs, s'encouragent. À noter : le parkour est pratiqué dans plusieurs villes du Québec et il est possible de suivre des cours en plein air comme au gymnase.

Source : *La Presse*, 2 septembre 2011.

marathon. Les montées sont ardues, c'est difficile à gérer. Dans les descentes, il faut être prudente. J'ai glissé et je suis tombée. Il y a beaucoup de feuilles et d'herbes hautes qui cachent les roches et les racines. Il faut toujours être aux aguets. Tu dois regarder devant, mais il faut éviter de répéter à tout coup ce que fait le coureur précédent. S'il fait une fausse manœuvre, tu es porté à faire la même chose. » Bilan de l'expérience ? « Je préfère le marathon, mais quand j'ai terminé ma course en sentiers, j'étais plus contente. Parce que le défi est plus grand. »

C'est d'ailleurs pour le défi que sont venues Isabelle Martin, 41 ans, et ses amies. Elles ont participé au 5 km. « On court déjà sur route, mais nous voulions un défi supplémentaire. C'est la nouveauté, c'est un beau *trip* de filles. »

Comment débuter ?

- Même si on court déjà sur route, on fait la transition en douceur, progressivement. « On y va 20 minutes, pas plus. Les muscles travaillent autrement, ils doivent s'adapter », dit Rachel Paquette, aussi entraîneuse.
- « On marche d'abord le sentier, on le jogge et, finalement, on le court », conseille pour sa part Daniel Des Rosiers.
- On opte d'abord pour des surfaces planes, des sentiers larges en poussière de roche ou en terre battue. Certains parcours de 5 km sont destinés aux gens qui débutent.
- Idéalement, on se procure des souliers à crampons, conçus pour la course en sentiers.
- Si on se sait lente, on prend le départ d'une course en queue de peloton pour ne pas nuire aux autres.
- On regarde toujours quelques mètres devant soi pour prévoir où l'on posera le pied.
- Si on rencontre quelqu'un de face, on demeure sur sa droite. Lorsqu'on dépasse, on indique sa position.
- S'il y a des obstacles (eau, roches), il est parfois préférable de marcher.
- Pour sa sécurité, on devrait s'entraîner avec un ou une partenaire ou apporter son téléphone.
- Dans un secteur où vivent des ours, mieux vaut traîner un sifflet et manifester sa présence (en faisant du bruit). Parcs Canada conseille de courir de préférence dans les sentiers officiels et de jour. On ralentit dans les secteurs broussailleux et à l'approche d'une courbe, parce que la visibilité est restreinte.

LA COURSE À OBSTACLES : AVOIR L'ÂME GUERRIÈRE

Coureuses douillettes : s'abstenir. Dressée comme un véritable parcours du combattant, la course à obstacles (on ne parle pas ici de steeple) s'adresse aux plus téméraires d'entre nous, en quête d'adrénaline en dose massive. Sommes-nous prêtes à enjamber des flammes et à ramper dans la boue sous des fils barbelés ?

La course Spartan est une course à obstacles de style militaire. En 2012, 54 compétitions ont été présentées aux États-Unis, au Canada et au Royaume-Uni, pour un total de 750 000 participants. En juin, 8 000 coureurs étaient du départ à Mont-Tremblant. En 2013, 75 événements sont au programme, et on prévoit un million de participants. Des concessions voient le jour en Slovaquie, au Mexique et en Inde.

« Les gens de tous âges souhaitent sortir de leur routine de 9 à 5. C'est dans notre ADN de bouger à l'extérieur. Nous offrons de l'aventure, de l'adrénaline et une expérience totalement imprévisible. Certains participants disent ne pas s'être amusés comme ça depuis l'enfance », affirme la Québécoise Selica-Marie Sevigny. C'est elle qui a fondé la course Spartan en 2010, avec son fiancé Richard Lee, un ancien membre de la Marine royale britannique. Il a déjà remporté la Death Race, au Vermont, qui est la course à obstacles extrême. Elle se déroule sur 48 heures, et à peine 10 % des concurrents la terminent. Le couple s'en est inspiré.

Au-delà de la présentation théâtrale et de l'ambiance festive, la course Spartan est une rude épreuve d'endurance et de force physique. Elle se décline en plusieurs versions – Sprint (5 km), Super (13 km) et Beast (16 km) – et compte de 10 à 20 obstacles, toujours gardés secrets. Les femmes comptent pour moins du tiers des participants.

Un sport extrême ? Oui et non. « La course est accessible à tous, peu importe la condition physique. Les participants s'encouragent beaucoup entre eux. J'ai moi-même déjà franchi la ligne d'arrivée avec les derniers coureurs de la journée, en leur tenant la main. C'est très inclusif », explique Selica-Marie Sevigny.

Selon les parcours, les coureurs doivent néanmoins escalader des murs de 4 ou 8 pieds, traverser un lac agrippés à des cordes, traîner sur 500 m un bloc de béton à l'aide d'une chaîne, ramper dans de longs tunnels, sauter dans l'eau du haut d'une falaise de 20 pieds... Les plus rapides et les plus forts sont avantagés. Vous souvenez-vous du film *Full Metal Jacket*? Du sérieux.

Ancienne spécialiste du 800 m, la Montréalaise Rose-Marie Jarry, 29 ans, est une tête d'affiche du circuit et collectionne épées et lances. C'est ce que reçoivent les vainqueurs des courses. Après de trop nombreuses blessures sur la piste, elle s'est convertie à la course à obstacles un peu par hasard. Ça a été le déclic instantané. En deux ans, elle a participé à une vingtaine de courses Spartan. « Je cours pour performer. J'aime le défi de surmonter des obstacles imprévus. J'aime confronter mes peurs et repousser mes limites. Il ne faut pas avoir peur des éraflures et des courbatures. »

Rose-Marie préfère les sprints (environ 5 km). « Quand on court pour gagner, c'est très exigeant. Le parcours est souvent dénivelé. Les athlètes complets, avec un bon cardio, sont favorisés. Je suis mince et plutôt rapide, mais je ne suis pas très forte des bras. J'aurais avantage à faire plus de musculation. »

Devant un besoin flagrant d'évasion et d'adrénaline, le nombre de courses du genre explose. La série Warrior Dash présente plus de 50 courses au Canada et aux États-Unis, mais aussi en Irlande et en Australie. Parmi les épreuves : la démolition de carcasses de voitures. Plus spectaculaire, la Tough Mudder (35 courses dans quatre pays en 2012) prévoit faire un arrêt à Montréal en 2013. Ça va loin : les concurrents sont appelés à ramper dans l'eau glacée entre des fils électrifiés. Engagez-vous, qu'ils disaient...

Comment débuter ?

- Il est crucial de bien s'hydrater avant, durant et après la compétition, surtout lorsqu'il fait chaud. Idéalement, on traîne un sac ou une ceinture d'hydratation.
- Comme il y a plusieurs départs, on s'informe de l'heure de départ de sa vague.
- « On ne se lance pas dans la course sans entraînement et sans échauffement », souligne Rose-Marie Jarry. Le risque de blessures (entorses, fractures) est plus élevé chez les non-initiés, mal préparés.
- « Le port de gants antidérapants est conseillé pour mieux s'agripper aux barres et aux cordes et pour minimiser le risque d'ampoules », dit Selica-Marie Sevigny. Même chose pour les souliers.
- Pour performer (et ne pas rester accrochée !), on privilégie des vêtements techniques, ajustés au corps. À noter : les vêtements seront abîmés, on laisse son nouveau short à la maison.
- « Apportez votre sens de l'humour et votre force mentale », conseille Selica-Marie Sevigny.

LA COURSE EN RAQUETTES: LES COUREUSES DES BOIS

Raquettes aux pieds sur les sentiers escarpés et enneigés, chaque foulée exige des jambes une explosion de force brute. Le cœur, en mission extrême, bat la chamade. Il y a l'effort, certes, mais aussi cette fébrilité palpable, dérangeant à peine le calme étouffé de la forêt. Rien à voir avec les balades du dimanche en raquettes de babiche !

Mère de trois jeunes enfants, Mélanie Nadeau, de Sherbrooke, pratique ce sport depuis plus de 10 ans. Une façon apaisante (et tout aussi exigeante) de prendre une pause de la marmaille tourbillonnante. « J'aime la proximité de la nature, je m'y sens complètement libre. J'aime entendre le vent dans les arbres et les oiseaux. Avec la neige, c'est féerique. Quand il fait très froid dehors, on se glisse dans la forêt comme dans un cocon. On y est étonnamment confortable. »

Il faut dire que la coureuse de 36 ans court à bon rythme et n'a probablement pas le temps de sentir sur elle l'emprise du froid. En 2012, elle a créé la surprise en terminant troisième au Championnat du monde qui se déroulait à Québec, dans la forêt Montmorency. Une Italienne et une Américaine sont montées sur les plus hautes marches du podium à l'issue de la course de 10 km. « Je n'avais pas vraiment d'attentes, j'étais très contente d'être du départ, c'était spécial. J'avais dit à mes enfants que je souhaitais gagner dans la catégorie des mamans au foyer avec trois enfants ! » La Québécoise a ainsi obtenu un laissez-passer pour le prochain Championnat du monde, présenté en Italie.

« La course en raquettes demande de la vitesse, de la puissance musculaire, mais aussi beaucoup de volonté, dit-elle. Il faut toujours vouloir se pousser. Dans les côtes, c'est parfois très difficile, surtout quand la neige n'est pas tapée. » Pendant l'hiver, elle s'entraîne tous les week-ends, le samedi matin.

Même si nos ancêtres (des femmes aussi !) la pratiquaient il y a plus d'un siècle déjà, la course en raquettes est tombée dans l'oubli dans les années 1970. Elle revit depuis quelques années en version améliorée, plus compétitive. Le Québec compte des centaines d'adeptes, un peu plus d'hommes que de femmes. Une dizaine de courses sont organisées durant la saison froide. « Ce sport est encore peu connu ici et il peut paraître extrême de prime abord. Avec l'engouement féminin pour la course à pied, je suis certain que de plus en plus de femmes vont faire le saut. L'équilibre s'installera », affirme David Le Porho, champion du monde et entraîneur au Club Raquette Montréal.

Pour savourer l'essence même du sport, il suggère aux femmes d'être déjà actives avant de s'initier. Sinon, on devra bien malgré soi se contenter de marcher. « C'est un sport d'endurance qui s'apparente à la course à pied en sentiers. Ça nécessite plus d'efforts cardiorespiratoires et plus d'efforts musculaires que la course sur route. C'est plus difficile et ça demande une adaptation progressive. » Aussi petites et légères soient-elles, les raquettes sont une charge supplémentaire aux pieds. Plus la neige est folle, plus l'effort est grand.

« La foulée est similaire à celle de la course en sentiers. Dans la poudreuse fraîche, les raquettes s'enfoncent un peu et, quand on veut retirer le pied, il y a un effort supplémentaire à faire. La foulée sera alors moins fluide », explique l'athlète.

La plupart des coureurs en raquettes sont avant tout des coureurs en sentiers qui souhaitent poursuivre leur entraînement l'hiver venu. « Ça me permet de profiter des sentiers l'hiver, de ne pas perdre ma forme », dit Mélanie Nadeau. David Le Porho a aussi approché le sport de cette façon il y a quatre ans. Aujourd'hui, il va à contresens. « Je cours l'été en sentiers pour préparer ma saison d'hiver. La raquette est devenue mon premier sport. » À l'instar de plusieurs coureurs, il célèbre la première neige avec grands frissons. Mélanie Nadeau aussi.

Comment débuter ?

- On se procure des raquettes conçues pour ce sport. Il existe deux types de modèles de raquettes de course : fixation avec pivot et fixation avec sangles.
- On commence sur une surface plane et sur une neige tapée.
- On préfère courir très lentement, constamment, pour s'habituer, plutôt que de courir vite et peu.
- Si on s'entraîne sur route, la course en raquettes peut facilement remplacer un entraînement plus intense, par intervalles.
- Si on est sujette aux tendinites, on fait preuve de prudence. Le tendon d'Achille peut vite crier « ouille » !
- On n'oublie pas de s'hydrater.
- Les bâtons sont souvent interdits dans les courses.

LE TRIATHLON : UNE TRIPLE PASSION

Peggy Labonté, 30 ans, est enseignante au primaire. Quand elle quitte la maison le matin, vers 5 heures, elle dépose trois sacs d'entraînement dans son auto, un pour chacun des sports qu'elle pratique : le vélo, la natation et la course à pied. Athlète élite en triathlon, elle s'entraîne 10 à 15 heures par semaine. L'été, elle consacre plus de 20 heures par semaine à sa passion.

Elle nage aux aurores avant de se présenter en classe. Elle s'entraîne à la course et au vélo en après-midi, une fois les cours terminés. Le soir, elle fait ses corrections, le corps rassasié et la tête reposée. « Ça peut paraître intense, mais ce rythme de vie est devenu naturel pour moi. »

Coureuse depuis 2007, elle a peu à peu ajouté des cordes à son arc : le vélo en 2008 et la natation en 2010. « Aujourd'hui, je me considère surtout comme une triathlète », dit-elle. Plus que tout, elle raffole de l'adrénaline qu'elle ressent au cours des compétitions. C'est ce qui l'accroche au sport, dit-elle. Sa devise ? Sourire pour moins souffrir.

En 2012, elle a participé à 25 événements : des courses, des duathlons et des triathlons. Elle était des Championnats mondiaux d'Ironman 70.3 à Las Vegas où, surprise par la chaleur, elle n'a pas performé comme elle le souhaitait. Cette habituée des podiums a, cette fois, terminé soixante-treizième dans sa catégorie. « Je fais du triathlon pour les sensations fortes en compétition. Même quand je suis dernière, j'aime pouvoir me dépasser, braver les éléments. Les jours de course, tout le monde est de bonne humeur, l'ambiance est festive », indique la jeune femme de Pierrefonds.

Épreuve olympique depuis 2000, le triathlon a fait son apparition en France dans les années 1920, en proposant des épreuves de vélo, de course à pied et... de canotage ! Dix ans plus tard, la natation a remplacé le canot. Le triathlon moderne est officiellement né en 1975 à Fiesta Island, près de San Diego, en Californie. Le mythique Ironman d'Hawaï, présenté dès 1978 et télédiffusé à grande échelle dans les années 1980, a contribué à faire connaître ce sport. Aujourd'hui, le triathlon compte plusieurs millions d'adeptes et il se pratique sur diverses distances : du supersprint (375 m de nage, 10 km de vélo et 2,5 km de course) au Ironman (3,8 km de nage, 180 km de vélo et 42,2 km de course).

Que sa pratique soit récréative, élite ou professionnelle, ce sport est parmi les plus exigeants, même sur courte distance. Et les femmes qui ne craignent pas l'effort sont de plus en plus tentées par l'expérience. Le nombre d'adeptes a presque doublé en quatre ans. Grosso modo, les femmes comptent pour 40 % de l'ensemble des triathlètes. En 2008, Triathlon Québec comptait 476 membres féminins. En 2012, c'était 914 !

Sophie Yergeau, 45 ans, est triathlète et membre du conseil d'administration de Triathlon Québec. « On voit de plus en plus de femmes sur le terrain, constate-t-elle. En général, les femmes abordent ce sport avec plus de précautions. Les gars s'entraînent fort, mais se lancent sans trop penser. Ils sont confiants, ils foncent. Les femmes sont plus à leur affaire, plus à l'écoute de leur corps. Elles sont nombreuses sur courte distance, mais avec l'expérience, plusieurs se tournent aussi vers les longues distances. »

La première édition du Ironman de Tremblant, en août 2012, a fait boule de neige. Quelque 500 femmes ont pris part à l'événement, comptant pour 24 % de l'ensemble des compétiteurs. La compétition prévue en 2013 affichait complet un an avant sa présentation. « Il y a une douce folie liée à l'événement, dit Sophie Yergeau. Pour plusieurs, c'est le rêve d'une année, le rêve d'une vie. Je suis étonnée de voir le nombre de femmes qui y participent. » Certaines mettent jusqu'à 15 heures pour franchir la ligne d'arrivée !

Chez Sophie Yergeau, tout le monde pratique le triathlon : elle, ses deux enfants de 18 et 20 ans et son conjoint. « On s'entraîne souvent ensemble, donc personne n'attend à la maison que le souper soit prêt. Les week-ends, au lieu de faire du camping, on fait des triathlons. Ça nous permet de passer de beaux moments en famille. »

Ce sport est accessible, souligne Peggy Labonté : « Il suffit d'y aller à son rythme, de façon graduelle. » Sophie Yergeau abonde dans le même sens. « C'est un sport stressant, ça prend du temps avant d'être à l'aise. Au-delà des objectifs, les gens doivent prendre conscience de leurs limites et s'écouter. Si on le fait correctement, c'est un beau défi, un sport stimulant. »

Comment débuter ?

- Avant de se lancer dans la pratique du triathlon, on organise son agenda. Le volume d'entraînement est important. A-t-on le temps et l'envie de s'y investir à fond ?

- « Si vous le pouvez, joignez un groupe », conseille Peggy Labonté. L'apprentissage est plus facile et la motivation, plus grande.
- Celles qui craignent l'entrée dans l'eau en départ sur plage et dont la nage n'est pas la force doivent éviter de se placer en tête de peloton. « C'est très compétitif, ça joue du coude. On se place derrière, sur le côté, même si l'on doit nager quelques mètres de plus pour éviter de se faire bousculer », dit Peggy Labonté.
- « Les transitions en course peuvent être stressantes quand on commence, et plusieurs règlements doivent être respectés, note Peggy Labonté. Quand on fait de courtes distances, ça permet de se concentrer sur ces transitions. Il est toujours bon d'aller voir le parcours la veille d'une course pour se rassurer. »
- « Les conditions sont rarement idéales, il faut être prête à tout : pluie, vents forts, vagues, dit Sophie Yergeau. Parce que les compétitions durent longtemps, la météo a le temps de changer entre le départ et l'arrivée. »

L'ULTRAMARATHON : AU BOUT DE SES LIMITES

Le corps usé par le temps et les blessures, Sylvie Boisvert enchaîne les foulées de façon plutôt chaotique, légèrement boitillante. Elle détonne parmi les coureurs élites. À peine le coup de départ est-il lancé qu'on craint qu'elle ne trébuche. Pire, qu'elle ne s'effondre. Mais elle tient bon. Véritable force de la nature, elle arrive à franchir des distances époustouflantes. Son record personnel : 280 km en 48 heures, à Surgères, en 2010. C'est plus qu'il n'en faut pour se rendre de Québec à Montréal.

Sylvie est spécialiste de l'ultramarathon, une épreuve d'endurance extrême. « La douleur devient parfois tellement intense, quasi insupportable, que j'en vomis. Je me relève et je continue, la satisfaction est encore plus grande après coup. À un moment, je me retrouve en transe, comme sous l'effet d'une drogue. Je me sens envahie d'une force immense. Je finis par décrocher totalement de mon corps et de ma douleur. »

Qu'est-ce qu'un ultramarathon ? C'est toute course dont la distance est supérieure au marathon (42,2 km). On court en temps ou en distance. On court sur piste, sur route ou sur sentier. Les épreuves de 50 km, 100 km, 24 heures et 48 heures sont disputées en championnats du monde. En 2007, Drummondville a accueilli le Championnat du monde de 24 heures. On prévoit que l'ultramarathon sera des Jeux du Commonwealth en 2018. « Le but ultime est de voir l'ultramarathon devenir une discipline olympique. Ça assurerait du même coup une certaine relève », dit Michel Gouin, président d'Ultramarathon Québec. L'organisation a pour mission de faire connaître la discipline et d'aider à son développement. Parce que le bassin d'adeptes est petit et que les compétitions locales sont plutôt rares, les ultramarathoniens québécois doivent voyager pour pratiquer leur sport.

Les pratiquants sont peu nombreux. Les femmes ? Encore moins ! Parmi les 50 membres d'Ultramarathon Québec, on compte à peine une dizaine de femmes. « La présence des femmes est marginale, mais ces dernières s'illustrent de plus en plus sur la scène mondiale, car elles sont très performantes, note Michel Gouin. Plus la distance est grande, plus elles ont le dessus sur les hommes. » Une question de patience et de force mentale, avance-t-il. « Les hommes sont souvent portés à être plus impulsifs, à partir trop vite. Les femmes sont plus stratégiques, elles ont généralement un rythme plus stable. »

À l'aube de la cinquantaine, Sylvie Boisvert a une feuille de route à faire rougir tout athlète d'endurance. À ce jour, elle a participé à 36 marathons, 12 épreuves de 100 km, 8 courses de 12 heures, 2 courses de 48 heures, 3 courses de 24 heures, 2 courses de 50 milles et 1 course en montagne de 100 milles. Elle a en poche trois participations aux championnats du monde d'ultramarathon (en Italie, en Corée et à Drummondville) et cinq records canadiens.

Au-delà de ses performances spectaculaires (elle est une habituée des podiums), c'est sa longévité qui étonne dans le milieu. « Ce sport est très exigeant et, souvent, les athlètes sont brièvement de passage. Très rares sont les ultramarathoniens qui tiennent plus de quelques années. Les blessures ont tôt fait de prendre le dessus. Malgré les années qui passent, Sylvie obtient de très bons résultats », indique Michel Gouin.

En 2010, Sylvie Boisvert était de la prestigieuse course 48 heures de Surgères. Au total, 25 coureurs triés sur le volet ont pris le départ : des athlètes du Japon, des États-Unis, de la France et de la Suisse. « Les meilleurs chevaux de course », blague-t-elle. Elle était l'unique invitée du Canada. C'était sa deuxième présence. Pendant deux jours et deux nuits, elle a bouclé plus de 930 tours d'une piste de 301 m en terre battue. De quoi donner le tournis. « J'ai surtout été dérangée par la chaleur et le vent qui soulevait la poussière, c'était très irritant. »

« La grosse pression, elle est constante. Quand tu frappes le mur, vers la trente-sixième heure, tu penses mourir. Pour éviter les pensées parasites, je chante des chansons de mon enfance. Je pleure beaucoup. Parce que j'ai mal au bassin, aux genoux, aux jambes. Parce que mes oignons gonflent, qu'il n'y a plus de peau sur mes orteils et que mes ongles lèvent. Même si j'ai enlevé la semelle intérieure et changé cinq fois de souliers, rien n'y fait. C'est tellement exigeant. Je m'accroche au public, je cours pour eux. La dernière heure est magique. On réalise un exploit hors du commun, et c'est le soulagement. »

Elle a parcouru 280,326 km et battu son propre record canadien sur 48 heures, obtenu l'année précédente. Avant elle, l'Ontarienne Barbara McLeod était, depuis 1987, la détentrice du record.

« Je ne cours pas après les honneurs et les titres, souligne Sylvie Boisvert. C'est en courant que je me sens vivante, que j'ai l'impression de réaliser quelque chose de concret. Ma vie n'est pas facile. Cette boule de douleur que j'ai en moi se transforme en énergie positive qui me fait avancer. Courir, c'est ce qui me tient en vie ».

Après une épreuve, elle dit souffrir au point d'avoir de la difficulté à dormir. Même le jet d'eau de la douche est une torture, il pince la peau brûlée par le vent et le soleil. « On ne s'endure pas, on se dit qu'on ne le fera plus jamais, mais on recommence. On cherche constamment notre dose d'adrénaline. Suis-je désaxée ? Probablement, oui. » Passionnée ? Assurément.

Comment débuter ?

- « Un débutant ne doit pas se laisser impressionner par les vétérans, mais plutôt se concentrer sur sa propre performance », note Michel Gouin.
- Pour un 50 km, l'entraînement de marathon, du repos et une alimentation équilibrée en tout temps suffisent, selon Michel Gouin. On se fait aussi une bonne réserve de glycogène dans la semaine précédant la course.
- Si on se prépare pour une course de 24 heures, mieux vaut s'entraîner une fois ou deux la nuit dans le mois précédant la course.
- Il ne faut surtout pas négliger l'hydratation au cours d'un effort particulièrement prolongé. Bien entendu, on préfère les boissons contenant des glucides et des électrolytes.
- Si on mange en compétition, il est préférable d'avoir testé à l'entraînement les aliments qui nous conviennent. On demande aussi conseil à un nutritionniste.
- On porte une attention marquée à ses apports en fer.
- Pour éviter le surentraînement, il est suggéré de prendre une journée de repos complet chaque semaine et un repos annuel de quelques semaines.

COMME DES GOUTTES DE PLUIE

Nathalie Chartrand, 45 ans, Montréal

C'est plus fort qu'elle. Au départ d'une course, Nathalie est parcourue de frissons de la tête aux pieds. C'est comme ça à tout coup. Le bruit des souliers des milliers de coureurs qui tapotent le sol à ses côtés sonne à ses oreilles comme autant de gouttes de pluie. Une musique à la fois douce et entraînante, dont la vibration la transporte. « Entends-tu, Vincent, comme c'est beau ? » lance-t-elle en s'élançant dans le peloton.

Sur la piste du parc Maisonneuve, où elle s'entraîne quatre fois par semaine, Nathalie court à bon rythme. Les yeux fermés, toujours. Vincent court à sa gauche. Il tend son coude droit qu'elle touche du bout des doigts, sans jamais lâcher prise. Il est bien plus qu'un partenaire d'entraînement. Il est son guide. Nathalie est aveugle depuis qu'elle a 20 ans.

L'an dernier, elle a décidé de s'initier à la course à pied. Une activité peu commune parmi les non-voyants. « Courir devient pour moi un sport d'équipe », résume-t-elle. Deux autres guides, David et Amy, prennent à tour de rôle la relève de Vincent. Ça tombe bien, Nathalie aime être entourée. Le hic ? Elle dépend de l'horaire des autres. « L'entraînement doit être planifié. Il n'est jamais spontané. »

Aujourd'hui, la chaleur est accablante. Nous sommes en juillet. Aux bulletins météo, on indique une température ressentie de 40 °C. Plusieurs coureurs ont pris congé. Pas Nathalie. Elle a rendez-vous. « Je cours en tout temps. Par grands froids et lors de canicules. Sous la pluie ou la neige. On ne sait jamais quel temps il fera lors d'une course, alors mieux vaut s'y préparer. » Elle a son entraînement à cœur. Son objectif : courir un demi-marathon. Et pas question d'arriver en queue de peloton.

Tenu en laisse, Garfield gambade allègrement à leurs côtés. C'est le chien-guide de Nathalie, un caniche royal beige. Lors de l'entraînement, il est en congé, tout excité. « Quand je m'habille et que je mets mes souliers de course, il saute partout. Il adore venir avec nous. » Aujourd'hui, le trio courra environ 30 minutes – environ deux tours de parc —, avec arrêts obligatoires à l'abreuvoir, pour Garfield.

La course à obstacles

Nathalie connaît le trajet par cœur et c'est bien ainsi. « J'ai mes repères, je sais où sont les pièges. » Coureur aguerri, Vincent s'habitue peu à peu à son nouveau rôle de guide. « Partout où l'on va, j'évite les creux dans l'asphalte, les chaînes de trottoir, les passants. S'il y a un obstacle, on ralentit ou on arrête. Je dois penser à ce qui se trouve par terre, mais aussi en hauteur, explique-t-il. C'est plus compliqué l'hiver, avec les plaques de glace, les trous d'eau et la gadoue. »

Un bref moment d'inattention et oups ! un accident est vite arrivé. Une fois, Nathalie a percuté un poteau de plein fouet en courant. Heureusement, elle s'en est tirée indemne, à peine une petite ecchymose. Une autre fois, elle a mis les pieds dans une grosse flaque d'eau. En racontant ces épisodes cocasses, ils en rient. Une belle complicité s'est installée. « L'hiver dernier, c'est moi qui t'ai retenu quand tu perdais pied sur la glace », lance Nathalie.

Ils apprivoisent la course en duo par essais et erreurs. Désormais, Vincent sait que, pour Nathalie, « attention » ne veut rien dire. D'où vient la menace ? Que se passe-t-il ? Il s'attarde plutôt à verbaliser le paysage. Il décrit les parcours empruntés, évalue les distances, détaille les reliefs et annonce les dangers potentiels : une courbe prononcée ici, un vélo là, une courte montée plus loin. Nathalie a horreur des pentes, qu'elles soient courtes ou longues, douces ou abruptes. « J'ai de la difficulté à gérer mon énergie. Est-ce que la côte prend fin dans 3 m ou 30 m ? Je donne plus de gaz ou je me ménage ? » Vincent tente de lui donner des repères utiles.

Les compétitions deviennent parfois de véritables courses à obstacles. Comme cette épreuve de 10 km, à Ottawa, à laquelle ils ont participé au printemps 2012. « Ça a été très éprouvant, il y avait tellement de monde », raconte Vincent. La principale crainte de Nathalie ? Accrocher les pieds de la personne devant elle. « On tentait de se faufiler et de dépasser, mais c'est beaucoup plus difficile à deux », dit Vincent.

Heureusement, le peloton a fini par s'étirer et ils ont pu courir à leur guise. Après 5 km, le niveau de motivation de Nathalie a commencé à baisser. « J'étais fatiguée, je ne savais pas où on était, ni combien de kilomètres il restait à parcourir. J'ai commencé à compter mes pas. J'ai fini par oublier que j'étais essoufflée, que j'avais mal ici et là. » Puis, elle a entendu crier les gens massés vers la fin du parcours. « Ça m'a donné une décharge d'adrénaline. J'avais soudainement des ailes. » Au fil d'arrivée, plusieurs personnes sont venues féliciter l'inspirant duo.

De grands bonheurs et de petits pépins

Nathalie mène une vie bien remplie. Véritable boule d'énergie, elle ne tient pas en place. D'où l'importance de la course dans sa vie. Elle cumule d'ailleurs deux boulots. Massothérapeute, elle est aussi directrice générale de l'Association sportive des aveugles du Québec. « Parce qu'on est aveugle, les gens pensent qu'on reste assis sur une chaise berçante, qu'on est pris en charge. Ce n'est pas parce que je ne vois pas mes comptes que je n'ai pas à les payer ! »

Elle aime sortir au cinéma, au restaurant. Lorsqu'elle est à la maison, elle fait ses propres confitures, elle lave ses fenêtres, elle fait des boutures avec ses plantes, elle raccommode ses vêtements, elle fait son pain. Elle a décoré elle-même son petit appartement de l'est de Montréal. Ses armoires de cuisine sont d'un rouge vif, ses murs d'un doux beige amande. « Les gens sont surpris quand ils entrent chez moi. Est-ce que tout devrait être blanc et sale ? » précise-t-elle. Au salon, une collection de clochettes est en vedette. À la cuisine, la course fait depuis peu partie du décor. Dans un petit cadre fait de coquillages, elle a inséré une photo de Vincent et d'elle en action. Accrochées à un tableau de nature morte, pendent quelques médailles, souvenirs de lignes d'arrivée franchies avec fierté. « Courir m'apporte un réel sentiment d'accomplissement, de liberté, de plénitude. »

Son quotidien est fait de grands bonheurs, dit-elle, mais aussi de petits pépins. Elle cherche les objets à tâtons, comme ses vêtements de course accrochés sur le séchoir à linge. Elle fonce parfois dans sa cuisinière ou dans une chaise. Il lui arrive de répondre à des passants qui parlent à leur téléphone mobile. Elle rage contre les chantiers de construction non sécurisés et les détours imprévus. Il y a un mois, elle a tenté de s'inscrire à Facebook. Un échec. « J'ai taponné pendant quatre heures, c'est tellement frustrant. Tout est plus compliqué pour nous. » Courir l'aide à prendre la vie du bon côté, à relativiser. « Je suis beaucoup plus zen depuis que je cours. Quand j'ai des soucis, je suis plus patiente, tolérante. »

La vue en moins

Pas une journée ne passe sans que Nathalie rêve de retrouver la vue. Juste cinq minutes. « J'aimerais tellement voir le visage de mes huit neveux et nièces. Je paierais cher aussi pour revoir le ciel étoilé. Jeune, j'adorais regarder les étoiles, assise sur le bord d'un feu de camp. » La dernière image nette dont elle se souvient ? « Un talk-show de Chantal Jolis, qui recevait Céline Dion après sa métamorphose. » Elle en rit aujourd'hui.

C'était en 1987. Nathalie avait 20 ans. En trois mois à peine, elle est passée d'une vision parfaite, sans lunettes, au noir absolu. Fermeture de rideau inattendue. Une malformation artério-veineuse au cerveau s'est développée au point d'écraser son nerf optique. Elle a commencé à voir flou de l'œil gauche. Elle percevait les objets en double. Elle perdait le sens de la perspective. « Au départ, les médecins croyaient que j'avais une tumeur au cerveau. J'ai passé trois mois à l'hôpital à subir une batterie de tests. » Nathalie a réellement cru qu'elle allait mourir. Là, en quelques mois. « Quand j'ai su que j'avais uniquement perdu la vue, j'ai d'abord été soulagée. » Puis, ça a été le choc.

Elle a pleuré toutes les larmes de son corps. Elle s'est fâchée et a voulu tout laisser tomber. Elle s'est terrée dans sa chambre pendant des semaines. « Pourquoi moi ? » répétait-elle. Sa mère était elle aussi complètement dévastée. « Je l'ai entendue demander au bon Dieu ce qu'elle avait fait de mal. » Nathalie en a eu le cœur brisé et a, d'un coup, décidé que ç'en était assez. Elle a fait son deuil à la vitesse grand V pour mieux avancer.

Quiconque connaît Nathalie sait qu'elle n'est pas du genre à broyer du noir. Au bout d'un an, elle connaissait son braille, elle avait un chien-guide et elle joignait l'équipe canadienne de goal-ball. Pendant 20 ans, elle a compté parmi les meilleures joueuses au monde. Dans sa chambre, elle garde précieusement ses médailles paralympiques. Elle a obtenu le bronze à Barcelone, en 1992, et l'or à Sydney, en 2000.

Compétitive, elle a la fâcheuse manie de vouloir gagner. Avec la course à pied, elle apprend à lâcher prise. Sa quête de la performance prend une nouvelle forme, adoucie. Elle court pour se dépasser, mais surtout pour son bien-être. « Je fais le plein d'énergie positive. C'est sain, naturel, pas du tout ésotérique. »

Nathalie apprend à courir pour elle-même. Sans pression. Les cheveux au vent et les yeux fermés, toujours.

6

Faire une place à la course

Courir, par définition, c'est aussi se dépêcher, s'empresser, se précipiter, se hâter. Qui, parmi nous, n'a jamais eu cette constante impression de vivre une course contre la montre au quotidien, même dans ses escarpins ? La principale plainte des femmes actives d'aujourd'hui : le manque de temps ! Malgré de grands progrès en matière de partage des tâches ménagères, nous en faisons toujours plus à la maison que les hommes, surtout en présence de jeunes enfants, et ce, même si notre boulot est exigeant. Trouver du temps, de l'énergie et de la motivation pour nous entraîner et continuer ? C'est réalisable. Voici quelques trucs pour nous aider à courir et oublier, le temps de quelques foulées, notre horaire surchargé.

DIFFICILE CONCILIATION

Myriam Grenon, 44 ans, court depuis toujours, dit-elle. « J'ai l'impression que je suis née en courant et que je n'ai jamais cessé de courir depuis. » Mère de quatre ados de 14 à 19 ans et professeure d'éducation physique au collégial, la Longueuilloise a toujours su garder une place de choix à la course.

« J'ai intégré la course à pied dans ma vie, j'en ai toujours fait une priorité. Les gens disent qu'ils manquent de temps, je pense plutôt qu'ils investissent leur temps autrement. Pour moi, il a toujours été aussi important de bouger que de travailler. Cela me permet de garder un équilibre. »

Pour certaines d'entre nous, conjuguer vie professionnelle, familiale et sportive n'est pas simple. « Les femmes sont plus nombreuses que les hommes à déclarer qu'elles manquent de temps, qu'elles peinent à concilier travail et famille. C'est d'autant plus vrai chez les 30 à 50 ans, alors que la carrière est exigeante et que la famille est demandeuse », indique Diane-Gabrielle Tremblay, professeure à l'École des sciences administratives de la TÉLUQ et spécialiste en gestion des ressources humaines, en économie et en sociologie du travail.

Les Québécoises travaillent en moyenne 33 heures par semaine. La moitié des mères consacrent 15 heures ou plus par semaine aux travaux ménagers (contre 24,6 % des pères). Une mère sur deux consacre également 15 heures ou plus par semaine aux soins des enfants (contre 33,2 % des pères). En couple avec enfant mineur, elles accordent environ neuf fois plus souvent de temps aux travaux ménagers que leurs conjoints ! Ces données sont tirées du *Portrait statistique des familles au Québec 2011*, du ministère de la Famille et des Aînés.

Lorsque la situation professionnelle est similaire entre les conjoints, l'écart tend à diminuer et le partage des tâches est équitable dans 60 % des couples. « Les hommes en font un peu plus qu'avant, mais les femmes restent encore les premières responsables des tâches domestiques et familiales. Cela se voit à l'échelle internationale, et je ne crois pas que cela changera de sitôt », indique Diane-Gabrielle Tremblay.

Les mères en font notamment plus dans tout ce qui est moins visible : planification des rendez-vous, préparation de la rentrée scolaire, organisation des fêtes d'enfants, achat des vêtements. Les hommes s'impliquent surtout dans l'éducation ludique des enfants.

Quand on peine à joindre les deux bouts, l'activité physique est souvent la première chose que l'on met de côté. « La plus grande difficulté est de trouver du temps. Il faut parfois faire des acrobaties pour intégrer le sport à l'agenda », note l'experte.

À peine une femme sur trois (36,3 %) est active chez les 18 ans et plus. Faut-il s'en étonner ? Selon le document *Pour des Québécoises plus actives et en meilleure santé* de Kino-Québec (2001), près d'une Québécoise sur cinq estime qu'il lui serait difficile de pratiquer régulièrement une activité physique de 20 à 30 minutes dans ses temps libres. Sans surprise, les femmes célibataires ont cinq fois plus de chances d'être actives que les femmes en couple avec enfants. Cessons de courir contre le temps et courons pour nous !

DOUZE TRUCS POUR S'ORGANISER

1 La règle du 1 %

« Il faut trouver le moyen de créer du temps », dit le psychologue Bruno Ouellette. Son truc ? Voir petit ! « Il y a 86 400 secondes dans une journée. Je propose de trouver 1 % de temps libres dans sa journée et de bouger. C'est 864 secondes, ou 14 minutes. C'est peu, mais si on le fait souvent, ça devient concret. Lorsque l'habitude est installée, c'est plus facile d'augmenter ce temps. »

2 Le transport actif

« Au lieu de prendre l'autobus et le métro ou, pire, d'être prise dans la circulation sur le pont Jacques-Cartier, je cours pour me rendre au travail. La course est pour moi un moyen de déplacement », note la coureuse Myriam Grenon.

3 Le dîner santé

On passe l'heure du dîner au bureau à plancher sur nos dossiers sans relâche ou à flâner sur les réseaux sociaux ? Pourquoi ne pas courir ? Notre horaire en sera à peine bouleversé. « Je travaille près du Vieux-Port, alors j'en profite pour courir le midi sur la rive du canal Lachine. Le soir, je suis tranquille », dit Marielle Amiaud, consultante informatique et mère de quatre ados.

4 Le sommeil amputé

« Je cours cinq fois par semaine, aux aurores, peu importe l'heure à laquelle je me suis couchée. Mon entraînement n'a donc pas d'impact sur mes enfants », confie Maryse Gélinas, mère de deux enfants. Couper dans le sommeil, est-ce indiqué ? « Si on accumule une dette à Morphée, il ne faut pas croire qu'il n'y aura pas d'intérêts, indique la docteure Diane B. Boivin, directrice du Centre d'étude et de traitement des rythmes circadiens de l'Institut universitaire en santé mentale Douglas. Idéalement, je planifierais un autre moment, mais en fin de compte, les bénéfices de faire de l'activité physique sont là. La coureuse qui empiète sur sa nuit aura probablement une meilleure qualité de sommeil la nuit suivante. Il faut mettre tout cela dans la balance. »

5 Partager les tâches

« Je cours en revenant du bureau. J'ai une entente avec mon conjoint qui prépare le souper un soir sur deux, pendant que je vais courir. C'est son tour la journée suivante », dit Véronique Charette, mère de deux enfants.

6 Une pratique de hockey ? Génial !

« Lorsque mes enfants étaient jeunes, je profitais des pratiques de soccer ou des cours de piano pour courir. Je ne restais pas dans les estrades. Ils étaient contents quand j'assistais aux matchs, mais ils comprenaient que j'ai aussi mes activités », dit Myriam Grenon. Un week-end complet à l'aréna ? Non merci !

7 Impliquer les enfants

« Je n'attends pas le moment idéal pour courir, indique Alexandra Diaz, mère de deux enfants. Si je suis seule avec les enfants, je sors la poussette double et je cours avec eux. Mon plus vieux court un moment et retourne s'asseoir. Parfois, j'écoute de la musique, ils lèvent la main s'ils veulent me parler. On s'organise bien. » Lorsqu'ils en ont l'âge, les enfants peuvent aussi suivre en vélo. On les amène à la piste d'entraînement où on peut garder un œil sur eux.

8 Après le dodo

« Je planifie mes sessions d'entraînement automnales entre deux pratiques de hockey la fin de semaine et je cours le soir lorsque les enfants sont couchés, si le temps le permet », dit Laetitia Laronze, mère de deux enfants.

9 Une gardienne ? Non coupable !

« Je me payais des gardiennes pour courir quand il le fallait, confie Myriam Grenon. Il faut s'accorder du temps pour soi sans constamment se sentir coupable. »

10 De courtes distances de préférence

S'entraîner pour le marathon peut parfois être excessif, ça demande beaucoup de temps d'entraînement, souligne Myriam Grenon. « Les courses de 5 et 10 km sont mes préférées, parce qu'il est plus facile de récupérer et qu'on ne se prive pas de faire d'autres activités. »

11 Le tapis, notre ami !

Le tapis roulant est un excellent dépanneur. On peut garder un œil sur les enfants qui jouent à proximité ou rentabiliser le temps passé devant le petit écran... en bougeant !

12 Oser sortir du plan

« Des coureuses vont préférer annuler l'entraînement si elles pensent devoir l'écourter, déplore l'entraîneur Martin Fontaine. Même si on manque de temps ou d'énergie pour faire sa séance au complet, on sort. Courir 15 minutes, c'est déjà mieux que rien. »

Un entraînement de quatre minutes ?

« Il y a un nouveau courant en recherche, intéressant et provocant, qui tend à montrer qu'on peut bien faire en faisant peu. Il existe des formules d'entraînement extrêmement courtes », indique Guy Thibault. Des séances de quatre à huit pointes d'effort très intense de 30 secondes améliorent l'endurance et l'aptitude aérobie ! C'est ce qu'a montré en 2008 une étude de l'Université McMaster, en Ontario. Après six séances en deux semaines, les améliorations sont plus élevées que celles d'un entraînement aérobie standard de deux mois. « C'est prometteur, mais plusieurs questions restent en suspens. Il faut plus de recherches. N'empêche, on peut croire qu'il y aura bientôt du "nano-entraînement" ! » Pour coureuses averties seulement.

LE MOMENT IDÉAL POUR COURIR

Le matin

S'entraîner le matin (plutôt qu'à toute autre période de la journée) permettrait une meilleure nuit de sommeil. Des chercheurs de l'Université Appalachian State ont analysé le sommeil de personnes qui courent sur tapis roulant à 6 heures, à 13 heures ou à 19 heures. Les coureurs du matin dorment plus longtemps et ont un sommeil plus réparateur. Si on court le matin, on sera aussi plus encline à persister dans son entraînement. « Depuis que je suis maman, je cours tôt le matin. Le soir, je n'ai plus d'énergie, et les obligations familiales prennent souvent le dessus », confie la coureuse Isabelle Ledroit.

Autre avantage : un léger entraînement le matin pourrait réduire le désir de manger, selon une étude de l'Université Brigham Young publiée en octobre 2012. Les femmes qui s'entraînent le matin seraient moins portées à grignoter pour « compenser » plus tard dans la journée.

La mariée en fuite

Nous savons que les préparatifs d'un mariage constituent en eux-mêmes un véritable marathon, mais que certains tourtereaux convolent en courant ? Des coureurs ont déjà uni leurs destinées sur le parcours du marathon de Londres, de Paris, de New York et, ça va de soi, de Las Vegas. Se marier sans la robe blanche et la traîne de tulle ? Quel dommage ! La compagnie Oiselle Running, de Seattle, a donc mis sur le marché une robe de mariée spécialement conçue pour la course. Élégante avec son décolleté croisé et sa bande de taffetas à la taille, cette petite robe est avant tout un vêtement de haute performance. On a pensé à tout : pochette pour l'anneau nuptial, porte-bouquet, ceinture de ravitaillement discrète. Son coût ? Environ 2 000 dollars, essais et ajustements inclus. Il faut compter de six à huit semaines pour la livraison. À quand un smoking haute performance pour monsieur ?

Source : Oiselle.com

L'heure du dîner

Si on a accès à des douches et qu'on dispose du temps nécessaire, courir sur l'heure du dîner peut être une bonne option. Le corps est alerte et le niveau d'énergie encore bon. Évidemment, on s'entraîne avant de manger.

Une bonne raison pour une pause active en milieu de journée? Rester assise du matin au soir met en péril la santé, et ce, même si l'on pratique de l'activité physique régulièrement! Plus longtemps on reste assise, plus le risque d'embonpoint, de maladies cardiovasculaires et de certains cancers augmente. Comme les muscles sont totalement inactifs (outre les doigts sur le clavier), le métabolisme ralentit et le corps n'arrive pas à brûler l'énergie efficacement. La position assise prolongée est tout aussi nocive que d'être sédentaire. Cela dit, une brève marche toutes les heures suffit à briser cet effet. On court dehors, surtout l'hiver, pour emmagasiner un maximum de vitamine D!

L'après-midi

Selon différentes études, la performance sportive optimale survient entre 16 heures et 19 heures. Comme la température corporelle augmente durant la journée, les muscles sont alors plus décontractés et le métabolisme plus efficace. Du coup, les risques de blessures sont moindres.

Le soir

Contrairement à l'opinion commune, l'entraînement tard en soirée ne nuit pas nécessairement au sommeil. Plusieurs études vont en ce sens. Des chercheurs de l'Université de Californie ont demandé à des sujets (déjà en forme) de se prêter à un entraînement aérobie d'intensité élevée pendant trois heures sous un éclairage intense (3000 lux), et ce, jusqu'à 30 minutes avant de se glisser sous les couvertures. Le résultat? La routine, la durée et la qualité du sommeil étaient inchangées par rapport aux nuits suivant une période de repos.

Cela dit, l'entraînement de soir ne convient pas à toutes. « Si on a tendance à avoir de la difficulté à s'endormir, faire de l'activité physique intense le soir avant le coucher peut avoir un effet stimulant et rendre l'endormissement plus difficile et le sommeil agité », indique la docteure Diane B. Boivin, spécialiste du sommeil. On recommande généralement un temps de repos de quelques heures avant d'aller au lit.

La nuit

Certaines femmes dont l'horaire de travail est atypique préfèrent s'entraîner la nuit. « L'état de vigilance peut être moins présent. Si on est debout depuis longtemps, le corps répond moins bien. Pour un même exercice, comme la course, le corps est plus fatigué, l'effort est plus grand », indique François Prince, directeur du Département de kinésiologie de l'Université de Montréal. Il n'y a pas d'avantages de performance à s'entraîner de nuit, précise-t-il, sauf si l'on se prépare à un ultramarathon (qui se déroule en partie la nuit) ou à une compétition à l'étranger (dans un autre fuseau horaire).

Le pire moment pour s'entraîner ? Entre 2 heures et 4 heures du matin. Inutile de dire qu'aux petites heures de la nuit, il est plus sécuritaire de s'entraîner chez soi, sur tapis roulant, ou à la salle d'entraînement.

Varier le moment

Le corps s'adapte merveilleusement à l'effort. Aussi, si nous nous entraînons toujours à 6 heures le matin, nous deviendrons plus performantes à la même heure. Même chose si on décide de s'entraîner à 16 heures. « Pour varier le stimulus, il peut être intéressant de courir le matin, le midi et le soir. Le corps tente toujours de s'adapter et devient plus performant en tout temps », indique François Lecot, kinésiologue. En fin de compte, le moment idéal pour courir est donc celui qui nous convient.

QUINZE IDÉES POUR RESTER MOTIVÉE ET NE PAS LÂCHER

Même avec la meilleure volonté du monde, il arrive que la motivation ne soit pas au rendez-vous. En fait, 50 % des femmes qui deviennent actives ne persistent pas dans l'entraînement après six mois. Quoi faire pour ne pas lâcher ? Voici 15 pistes à explorer.

1 S'amuser

Courir ne doit pas être une corvée. « Il faut s'amuser ! C'est la clé pour l'assiduité à l'entraînement. La motivation à bouger ne passe pas par la tête, mais par le cœur », note

Guy Thibault, physiologiste de l'exercice. On peut pratiquer une activité que l'on juge peu tentante au départ, par exemple pour perdre du poids. Quand on devient assidue, la motivation change immanquablement de signification, souligne-t-il.

2 Accepter les mauvaises journées

« Il y a des fois où ça ne fonctionne vraiment pas. On essaie de pousser, on ne respire pas bien, on n'avance pas bien même si on paraît être en bonne forme. Je ne m'en fais plus, je sais que ça fait partie de l'historique de tous les coureurs », dit Isabelle Ledroit, coureuse élite.

L'entraîneur Martin Fontaine abonde dans le même sens : « Si l'on mise seulement sur les résultats, cela ne peut pas tenir sur une année. Même Usain Bolt n'est pas toujours au sommet. Si on a du plaisir, on accepte mieux les hauts et les bas. »

3 Miser sur les succès rapides

« Cela prend deux à trois mois avant d'avoir un réel plaisir à courir. Avant, les risques d'abandon sont grands. Il faut persister », indique Martin Fontaine. Le psychologue Bruno Ouellette est du même avis : « Dites-vous qu'on surestime ce qu'on peut faire dans une journée, mais qu'on sous-estime ce qu'on peut accomplir dans une année. »

Il faut y aller une bouchée à la fois et miser sur les succès rapides. « On choisit un objectif à court terme sur lequel on a le contrôle, dit Bruno Ouellette. Lorsque l'objectif est trop large, on ne sait pas quoi faire. C'est décourageant et le cerveau ne se met pas en action. » Des objectifs à notre mesure ? Courir trois fois par semaine, courir 5 minutes en ligne, perdre 1 kg, etc. On prend le temps de se féliciter et on change d'objectifs au fil de son évolution.

4 Le soutien des proches

« Je m'entraîne principalement avec mon père, car il me permet de dépasser mes limites. Cela me motive beaucoup ! confie Émilie Vigneault, 20 ans. La course est devenue une passion familiale lorsque mon père a décidé de se mettre en forme il y a quatre ans. Mes deux sœurs courent aussi. Nous nous entraînons toujours plus chaque année pour essayer de battre nos records de l'année précédente. »

Nos proches ne courent pas ? On les implique dans notre passion, on les informe de nos succès, de nos objectifs, et on les invite à nos courses.

5 À deux, c'est mieux

« J'ai découvert une bonne amie qui a le même tempo de course que moi. C'est très encourageant d'avoir quelqu'un à ses côtés. On court souvent ensemble », dit Stéphanie Roy, 36 ans. Lorsque la course devient un rendez-vous planifié, il peut être difficile de laisser tomber l'autre. Bouger à deux est à ce titre un incitatif à bouger.

Attention ! Encore faut-il que le calibre soit le même, sinon l'effet inverse est à prévoir.

6 Toujours prêtes !

Chez l'ultramarathonienne Sylvie Boisvert, une paire de chaussures de course traîne en permanence près de la porte d'entrée, bien à la vue. « Quand je suis moins tentée de courir, je regarde mes souliers et je ne me pose plus de questions : je les mets et je sors. » Une fois habillée, la motivation est plus facile à trouver. « Vous envoyez le signal à votre corps, à votre tête. L'idée, c'est de se mettre dans l'action, de se préparer mentalement », dit Bruno Ouellette.

7 Courir en musique

Selon une étude publiée dans le *Journal of Sport and Exercise Psychology* (2009), courir en écoutant du rock ou de la pop, comme Queen, Red Hot Chili Peppers et Madonna, augmenterait la sensation de plaisir et l'endurance de 15 %. Plusieurs recherches arrivent aux mêmes conclusions. La musique (si elle nous plaît, bien entendu !) est associée à ce sentiment d'être « dans la zone », de flotter. Avec la miniaturisation des baladeurs et la multiplication des applications à télécharger, courir en musique n'a jamais été aussi aisé. Sur le Web, on propose même des chansons en fonction des battements par minute et, du coup, de notre foulée ! Êtes-vous du type *I Can't Lie*, de Maroon 5, à 182 battements par minute, ou plutôt du type *On the Floor,* de Jennifer Lopez, à 131 battements par minute ?

8 Devenir membre d'un club

S'entraîner une fois par semaine avec un club est souvent gagnant. Quand on voit l'entraîneur et le groupe au bout d'une semaine, on tient à avoir fait ses devoirs ! « Le lien à l'autre aide à maintenir son activité. On bouge ensemble, on s'entraide, on se fait enseigner. La motivation devient autre que seulement faire du sport. Même chez les athlètes de haut niveau, c'est important », affirme le psychologue Bruno Ouellette.

9 Vivement les compétitions !

« Quand je manque de motivation, le matin quand il fait froid, je pense à ma prochaine course et à mon objectif. Cela m'aide à me recentrer », confie la coureuse Isabelle Ledroit. S'inscrire à une course permet d'avoir un objectif clair, une récompense.

Attention ! S'inscrire à un marathon quand on débute n'est pas indiqué et, sans aucun doute, fortement décourageant.

10 Zéro gadget

Oublions notre montre, notre iPod, notre montre fréquencemètre... Savourons le moment. « Je réserve des sorties de course pour la détente, dit la coureuse Myriam Grenon. Je traverse le seuil de la porte et je cours sans préoccupations. Je ne veux même pas connaître mon rythme, je cours pour me détendre, pour faire le vide. » Profitons-en pour changer de parcours, explorer de nouveaux quartiers, au gré de nos envies.

11 Tenir un journal

On inscrit nos séances d'entraînement à l'agenda et on couche nos objectifs sur papier. « Cela permet un ancrage, et le suivi est alors plus efficace », note Bruno Ouellette.

Attention ! Écrire ne doit pas devenir un obstacle supplémentaire. On garde le tout simple.

12 Des modèles inspirants

« C'est parfois difficile de tenir le rythme d'entraînement très intense nécessaire avant un marathon, confie la coureuse Marie-Caroline Côté. Quand je suis moins motivée, je vais regarder des photos de Kara Goucher. C'est une coureuse américaine que j'admire beaucoup. Ça me donne de l'énergie pour continuer. »

Nous pouvons nous inspirer de coureuses performantes, mais aussi de toute personne dont l'histoire nous touche : notre père malade, notre fille déterminée à l'école, etc. Dans le même ordre d'idée, courir pour une cause peut être enrichissant.

13 Des courses ludiques

Vivons une expérience de course originale ! Une multitude de courses, toutes plus conviviales les unes que les autres, sont présentées à longueur d'année au Québec : une course de nuit avec lampe frontale, une course souterraine, une course en tandem, une course des couleurs, une course des fantômes, une course du père Noël... À nous de choisir !

14 Plus qu'un téléphone

Nous courrions sûrement plus vite si nous étions pourchassées par des zombies, non ? Et si nos copines Facebook étaient informées dès que nous ratons un entraînement ? Les applications farfelues pour téléphone intelligent ne manquent pas et peuvent être – Ô combien ! – motivantes. Plus sérieusement, on peut aujourd'hui suivre sa progression à l'entraînement au moyen de son téléphone : kilométrage du jour, dépense énergétique, historique en ligne, parcours...

15 Accros aux réseaux sociaux

Il est impressionnant de voir à quel point les coureurs sont actifs sur les réseaux sociaux et sur la blogosphère. Les groupes, privés et publics, pullulent. La course, un sport solitaire ? Plus maintenant ! Des amitiés se créent, des couples se forment. « Quand tu te lèves le matin, qu'il fait noir et que tu vois que trois personnes de ton groupe Facebook sont déjà allées courir, tu sors toi aussi, confie la coureuse Audrey Vézina. On est contents de lire les performances des uns et les améliorations des autres. On s'encourage, on se motive, on s'inspire, on se dépasse. On affronte nos peurs et nos douleurs en groupe : surentraînement, périostite, mal au genou, etc. Plusieurs apprécient aussi le fait de pouvoir parler de leurs statistiques de course sur cette page, sans achaler leurs amis "normaux". » La fondatrice de son groupe organise des sorties et elle a même tricoté des carrés bleus pour que ses membres se reconnaissent lors des courses !

241
315
133

CAROLINE ALLARD, AUTEURE*: *perfectionniste paresseuse*

J'ai commencé à courir parce que je rêvais que je courais ! Dans mes rêves, je parcourais 10 km sans être essoufflée. Pour moi qui ne faisais aucun sport, c'était très étrange. Alors, j'ai acheté des chaussures de course et hop ! je m'y suis mise et ça a été « l'amour à la première course ». J'ai couru 800 m, j'étais complètement à bout de souffle, mais étrangement euphorique. Aucun doute là-dessus, j'allais le refaire.

Suis-je une coureuse schizophrène ? Mes motivations changent tout le temps, parfois même pendant une course. Pour ma santé, pour le plaisir, pour performer, pour écouter ma musique tranquille… Parfois, je cours en attirail spécifique à la course à pied, parfois en vieux tee-shirt…

Je suis tiraillée entre l'envie de le faire strictement pour le plaisir, en dilettante, et l'envie de me surpasser, de ne pas rester dans ma zone de confort, de m'inscrire à des courses pour m'obliger à m'entraîner. Ce qu'on est dans la vie se reflète dans la course, puisque intrinsèquement je suis une perfectionniste paresseuse !

Si je vis un stress, une peine, une colère, je peux être certaine que la course va me soulager. C'est à la fois un défoulement physique et un répit pour le mental. Certains jours, ça prend plus de kilomètres que d'autres pour arriver à me défouler ou à penser à autre chose, mais inévitablement, ça finit par fonctionner !

*Auteure de *Chroniques d'une mère indigne*, de *Pour en finir avec le sexe* et d'*Universel Coiffure*

Et à l'opposé, c'est tout aussi chouette d'aller courir quand tout va bien, c'est la cerise sur le *sundae*.

Il faut avouer que certaines sorties sont tout simplement horribles, pour toutes sortes de raisons : jambes lourdes, respiration difficile, chaleur ou froid intense à l'extérieur, crampes... Mais inévitablement, après ce genre de sorties, on sait que la suivante sera meilleure. Le plus pénible, ce sont les blessures, ou plutôt la peur qu'elles engendrent, la peur qu'on soit obligée d'arrêter de pratiquer notre sport. En fait, ça révèle nos insécurités d'une manière explosive !

Mon plus beau moment de course : une banale sortie à Ottawa pendant un salon du livre. Tout était parfait : la météo, la forme, l'humeur... Un 16 km de pur bonheur. Courir sans se rendre compte qu'on court, comme si on flottait sur un nuage, est une forme de méditation. C'est ce qui rend ce sport un peu bizarre : les meilleurs moments sont ceux où on oublie qu'on le pratique !

Les femmes, aussi rapides que les hommes ?

Pamela Reed est l'unique femme à avoir remporté devant les hommes l'ultramarathon de Badwater (217 km), reconnu comme l'un des plus difficiles au monde. Un cas isolé ? Oui et non. Dans les épreuves d'endurance classiques, il existe un écart insurmontable de 10 à 15 % entre les hommes et les femmes, indique Laurent Bosquet, doyen de la Faculté des sciences du sport de l'Université de Poitiers. Pourquoi ? Les femmes ont un VO_2 max inférieur à celui des hommes. Elles brûlent davantage de lipides et épargnent ainsi leurs réserves en glucides et en protéines, mais rien n'indique que cela les avantage. Par contre, on sait que les femmes bénéficient d'une meilleure protection contre les dommages musculaires (peut-être en raison de l'œstrogène). « Cet effet protecteur a une influence majeure sur l'endurance et permet aux femmes d'être aussi rapides que les hommes dans les épreuves où cet aspect constitue un facteur limitant important, telles que les *ultra-trails* ou les courses de montagne », soutient Laurent Bosquet.

Source : *Nutrition and Endocrinologies* (novembre 2011).

SUR LA CORDE RAIDE

Emmanuelle Dudon, 43 ans, Rivière-du-Loup

Chirurgienne orthopédiste et fière maman de trois filles âgées de 8 à 12 ans, Emmanuelle Dudon n'a pas l'habitude de faire les choses comme tout le monde, d'être dans la norme. « Je suis de nature compulsive, un brin hyperactive », admet-elle. Toujours en mouvement, elle se sent particulièrement bien lorsqu'elle sort de sa zone de confort, quand elle flirte avec l'extrême. C'est vrai dans sa vie comme en course à pied.

Coureuse depuis l'adolescence, Emmanuelle affectionne les épreuves de longue haleine, de très longue haleine. Son dada : les ultra-raids. Depuis 2005, elle participe régulièrement à des courses en montagne de plus de 100 km. Elle court jusqu'au bout d'elle-même, dans des conditions pénibles, voire « brutales », souligne-t-elle.

Pour elle, la course à pied est avant tout un prétexte pour voyager et se dépayser. Ce n'est pas une fin en soi. « Plus l'environnement est sauvage, plus je suis dans mon élément. Je retrouve la petite fille en moi, celle qui rêvait d'aventure, qui dévorait les romans de Jack London. » Elle en parle la voix joyeuse, les yeux lumineux.

Le coup de foudre

Dès son premier raid, dans le Sahara, en Mauritanie, elle a été servie en aventures. Le petit avion dans lequel elle prenait place a atterri sans tour de contrôle. Elle a vécu la pauvreté (et l'insalubrité) chez l'habitant. En autosuffisance alimentaire, elle a trimballé ses provisions dans un petit sac à dos sur 220 km en cinq jours. « J'ai d'abord paniqué tellement j'étais dépaysée, mais dès les premières foulées dans le sable du désert, ça a été le coup de foudre total. Je ne saurais l'expliquer, ce sont des sensations si intenses. »

Pour ajouter au défi, elle a dû procéder à une chirurgie improvisée à mi-parcours, lorsqu'un coureur s'est déchiré le genou sur la lame d'un rocher effilé. « Le médecin de l'événement avait raté son vol. Par chance, j'avais apporté du matériel pour faire des sutures », raconte-t-elle. Au milieu du désert, la Québécoise s'est exécutée, épuisée et trempée de sueur, une lampe frontale vissée sur la tête. « C'est à ce jour mon plus beau souvenir de course. Je vivais mes deux passions. »

Depuis, Emmanuelle cumule les défis du genre, toujours plus relevés les uns que les autres. Elle court, motivée par le doute et la peur d'échouer. C'est ce qui la fait avancer. « J'ai toujours manqué de confiance en moi, ça me colle à la peau. Je ne pensais pas devenir une bonne médecin, une bonne mère, ni faire ce genre de course. Maintenant que je réussis dans la vie, j'aime retrouver cette inquiétude. Pour avoir du plaisir dans une course, je dois craindre l'échec. » Ça semble lui réussir puisqu'elle termine souvent parmi les premières, même si elle ne court pas après les récompenses ni les éloges.

Avec son amie Nathalie Dumais, agricultrice, elle a participé à un raid Canonball, dans les Landes, en France, en 2008. Munis d'un GPS, d'une lampe frontale et d'un sac à dos de provisions, les concurrents avaient le choix de leur itinéraire. L'objectif : se rendre du point A au point B le plus rapidement possible, en tenant compte des vents et des marées. Le parcours, estimé à environ 120 km, traversait une forêt de pins et longeait la mer. Les Québécoises sont arrivées premières chez les femmes, avec un temps de 17 h 40 min. Elles ont combattu ensemble la chaleur, le froid et leurs peurs. Elles n'ont pas dormi et à peine mangé. Elles ont couru toute la nuit à travers les pins, dans la forêt sauvage, entourées de sangliers. « Ils étaient tout près de nous. C'était horrible, on les entendait hurler et grogner. Parce qu'il n'y a pas de relief et des pins partout, on avait l'impression d'être toujours au même endroit. C'était difficile mentalement. »

En 2010, elle a participé au raid d'Oman, au Moyen-Orient, où elle a couru montagne et désert sur 162 km en cinq jours. La première étape : 20 km sur un dénivelé positif de 2 000 m. Chaque jour, la Québécoise devait boire 10 litres d'eau afin d'éviter la déshydratation. Le soleil était cuisant, le sable giflait sa peau. La nuit, elle dormait en bivouac. « Avec l'expérience, j'ai appris à lire le sable. Le matin, il est très dur. Au milieu de la journée, sur les dunes géantes, c'est du sable mou dans lequel tu t'enfonces. Tu avances et tu recules en même temps. On change sa façon de courir et on marche plus qu'on ne le voudrait. »

De terrifiantes sorcières

Après des heures de course, le corps meurtri et trop sollicité veut abandonner. « Ça prend une grande force mentale. On doit aborder la course un kilomètre à la fois, une heure à la fois. Sinon, on ne tient pas. Il y a un moment où on se sent vraiment moche, on ne va pas bien. On crie, on pleure, on peut tomber vraiment bas. C'est temporaire; parfois, ça dure une heure. Il faut se regrouper et chasser les mauvaises pensées. » Les hallucinations sont fréquentes. Le corps privé de sommeil et affamé envoie des signaux trompeurs. « J'ai déjà vu des sorcières en pleine nuit. C'était terrifiant. » Pour se rassurer, elle trimballe un gri-gri, un collier fabriqué par un ancien patient amérindien.

Emmanuelle en convient, sa passion peut paraître excessive, voire complètement masochiste. Ce n'est pas le cas. « Je n'aime pas avoir mal, mais j'ai appris à apprivoiser la douleur. Une fois qu'on est passé au travers, on est plus fort dans plein de sphères. Vivre l'enfer? Je n'y tiens pas. Si je n'ai pas de plaisir, j'abandonne. » C'est ce qu'elle a fait en mai 2012, au cours de l'épreuve Zion 100 milles, dans l'Utah. Elle et son mari se sont égarés en pleine nuit pendant 10 heures. Exténués et découragés, ils ont halluciné une maison. Une maison de pierres qui reculait alors qu'ils avançaient. « J'avais déjà 100 km dans les jambes, je souffrais d'hypothermie. Ça ne valait plus le coup. »

Au fil des compétitions, elle a vu plusieurs concurrents terminer la course en insuffisance rénale, très amochés. Une fois, elle a souffert de gastro-entérite et s'est étendue le long du sentier. « Un coureur (celui que j'avais déjà opéré !) m'a traînée jusqu'à l'arrivée de l'étape. Je n'en garde aucun souvenir. J'étais dans un piteux état. » Elle redouble de prudence pour que des incidents du genre ne se produisent pas.

« Pour moi, c'est important de garder un certain équilibre. Mon travail et ma famille m'empêchent de tomber dans l'extrême, je n'ai pas le choix. La journée après la course n'existe pas – je dors –, mais je dois revenir rapidement pour travailler. La vie continue. » Elle souhaite aussi préserver son corps pour continuer de bouger longtemps. Courir, oui, mais pas au détriment de sa santé.

Loin du stress

Pour Emmanuelle, les ultra-raids sont une façon de s'évader de son quotidien hautement stressant. Un loisir à la mesure de ses ambitions, de son besoin d'évasion. « Durant une course, la vie est d'une simplicité déconcertante, mais rassurante. On est en mode survie, le mode de vie le plus simple. On a un objectif et on doit l'atteindre, c'est tout ce qui compte. Tout le reste, les soucis, le stress, est évacué complètement. Le temps est différent, il devient palpable et s'étire de façon exponentielle. C'est difficile, mais contrairement au bloc opératoire, on a toujours le choix d'arrêter. C'est un antistress total, ça reste ludique. »

Lorsqu'elle procède à une chirurgie complexe et délicate, Emmanuelle peut passer jusqu'à 10 heures d'affilée penchée, inconfortable et statique, au-dessus de la table d'opération. Elle s'arrête à peine pour boire. Malgré la fatigue, elle doit rester concentrée, l'œil alerte et le geste précis. La moindre complication, la moindre erreur peuvent entraîner un échec. Emmanuelle est constamment sur la corde raide. C'est ce qui la nourrit et l'épuise à la fois.

Chirurgienne orthopédiste en milieu hospitalier, Emmanuelle alterne entre le bloc opératoire, la clinique et l'expertise médico-légale. Elle travaille en moyenne 60 heures par semaine. Lorsqu'elle est de garde, elle travaille de jour comme de nuit, parfois jusqu'à 100 heures par semaine. « Les tours de garde peuvent devenir un vrai cauchemar, avec des nuits courtes et un téléavertisseur qui sonne sans arrêt. »

Elle vit un stress perpétuel et usant, admet-elle. « En clinique, quand la salle d'attente déborde, ça roule. Pendant des heures, on n'a pas une seconde pour manger, pour boire ou même pour aller aux toilettes. » Souvent, elle a voulu jeter la serviette, tout laisser tomber, mais la passion l'a chaque fois rattrapée, plus forte, bien ancrée en elle.

Elle réussit à concilier travail, famille et entraînement grâce à un sens de l'organisation aiguisé. « Je ne perds jamais une minute, tout mon temps est optimisé. » Comme elle, son mari est aussi chirurgien orthopédiste et a un horaire de travail surchargé. Malgré tout, elle arrive à s'entraîner quatre à cinq fois par semaine. « Mes filles passent avant tout, insiste-t-elle. C'est très important pour moi de ne pas leur faire payer le prix de ma passion. Je suis là pour leurs devoirs et leurs activités. Quand j'ai des courses à l'étranger, on en profite pour voyager en famille. Pour l'entraînement, je les amène parfois à la piste avec moi ou je cours à la maison, sur tapis roulant. La course a toujours fait partie de leur vie. »

Emmanuelle a plongé dans le sport (la natation) vers 17 ans, après la séparation de ses parents. « À partir du moment où le sport est entré dans ma vie, c'est devenu un besoin. » Quand elle a commencé ses études de médecine, elle a troqué le maillot contre les souliers. « C'était moins consommateur de temps, plus facile à glisser dans mon horaire. Je joggais, je ne calculais pas le kilométrage ni le temps. » Elle a couru pendant ses trois grossesses. Elle a fait son premier marathon six mois après avoir accouché de sa plus vieille. « C'est à ce moment que j'ai eu la piqûre. » Elle en voulait plus.

« Sur marathon, si on veut performer, on se déçoit plus facilement. L'ultra-raid est plus accessible qu'on pense. Il faut aimer courir, mais on n'a pas besoin d'être un athlète hors pair. Le terrain est varié, ça pardonne plus. On doit savoir bien gérer sa course et ne pas avoir peur de l'effort. Il y a des coureurs de tous les niveaux, de tous les âges. »

Une course est à peine terminée qu'elle s'inscrit déjà à la suivante. Elle rêve de courir dans le désert d'Atacama, au Chili. Mais plus que tout, elle rêve de rester passionnée. De la course, de son métier, de sa famille. « J'ai toujours hâte de me lever le matin. Je veux que la flamme soit toujours là, en moi. »

7

Courir bien équipée

La beauté dans la course à pied, c'est qu'elle est accessible et qu'elle exige un minimum d'équipement : une bonne paire de chaussures ! Cependant, courir avec un tee-shirt et un pantalon molletonné ? Hors de question. Les coureuses veulent être coquettes, sans compromettre la performance. L'industrie l'a vite compris et redouble d'ardeur pour séduire ce marché lucratif en plein essor. Et ça fonctionne. On court aujourd'hui en capri, en petite robe et même en jupe à froufrous !

UN MARCHÉ EXIGEANT ET LUCRATIF

Dans les boutiques québécoises spécialisées en course à pied, les femmes font de plus en plus rouler les affaires. Elles comptent parfois pour jusqu'aux deux tiers de la clientèle. Les coureuses achètent beaucoup. En 2008, aux États-Unis, elles ont dépensé 275 millions de dollars en équipement de course, comparativement à 350 millions en 2010, selon le magazine *Runner's World*.

« On voit une nette progression de la clientèle féminine, indique Sylvie Plante, conseillère à la Boutique Courir, à Montréal. Elles recherchent des couleurs vives, des tissus souples qui épousent leurs courbes, des fibres légères qui respirent. Le capri est maintenant un incontournable. » Parce que les vêtements féminins sont performants et colorés, certains hommes n'hésitent pas à s'en procurer !

« Les coureuses s'habillent mieux, elles sont sensibles aux couleurs et à l'affût des nouvelles tendances, indique Joël St-Louis, propriétaire de la boutique Le Coureur, à Sherbrooke. Comme le marché est en forte hausse, cela incite grandement les compagnies à être plus créatives. »

L'arrivée des coureuses sur le marché a tout chamboulé. Un produit doit non seulement avoir un look attrayant, mais aussi être efficace et correspondre à des besoins précis. Selon Sylvie Plante, les femmes s'informent, elles posent des questions et ne veulent pas se tromper. C'est aussi ce que constate Jimmy Gobeil, propriétaire de la boutique Le coureur nordique à Québec. « Elles nous écoutent beaucoup. »

« On voit une évolution dans le comportement d'achat des coureuses, note Josée Prévost, propriétaire de la Maison de la course, à Mont-Saint-Hilaire. Les débutantes, peu confiantes et mal à l'aise avec leur corps, se font le plus discrètes possible et s'habillent de noir de la tête aux pieds. Certaines vont courir au gym à 4 heures du matin pour s'assurer de ne pas être vues ! Au bout de quelques mois, elles s'assument comme coureuses et si on ne leur vend pas la chaussure la plus *flashy*, elles ne sont pas contentes. »

Out, le kit noir et sans éclat. On offre des maillots échancrés au dos, des boléros, des tuques trouées (pour laisser sortir la queue de cheval !), des robes à bretelles, des jupes de toutes sortes, des maillots en laine mérinos, des vêtements écologiques...

La couleur rose a particulièrement la cote auprès de la coureuse et se décline, sans surprise, en plusieurs produits : de la tuque au chauffe-bras, en passant par les ceintures d'hydratation, les montres GPS, les lacets et même les crampons !

Gare aux chaussures minceur

On nous promet une silhouette de rêve, des fesses galbées, des mollets saillants... sans aucun effort ? Tentant, n'est-ce pas ? On n'a qu'à porter des chaussures tonifiantes et le tour est joué, prétendent les fabricants de ces chaussures. Une semelle instable, inversée ou à berceau, selon les modèles, ferait travailler davantage les muscles. À Hollywood, les acteurs Salma Hayek, Eva Mendes, Al Pacino et Antonio Banderas auraient été vus avec ce type de souliers aux pieds. Trop beau pour être vrai ? Absolument ! Accusé de publicité mensongère, Reebok a récemment dû rembourser les acheteurs américains et canadiens floués. Le géant soutenait que ses chaussures Easy Tone et Run Tone augmentent la tonicité des muscles fessiers et des cuisses de 28 % ! En mai 2012, Skechers s'est aussi fait pincer pour fausse représentation, notamment pour ses chaussures Shape-Ups, Tone-Ups et Resistance Runner.

Source : *La Presse*, 13 août 2009 et 30 septembre 2011.

DES CHAUSSURES MAINTENANT CONÇUES POUR ELLES

Autrefois, la chaussure féminine était simplement un modèle réduit et plus coloré de la chaussure masculine. Il en va autrement aujourd'hui. Les modèles, de plus en plus nombreux, sont désormais dessinés spécialement pour les femmes, en fonction de leur poids et de leur morphologie.

« Le pied de la femme est généralement un peu plus étroit. La courbure du pied est également différente, dit François Prince, directeur du Département de kinésiologie de l'Université de Montréal. Même si une femme peut porter une chaussure d'homme, je lui suggérerais plutôt de porter des chaussures féminines. »

« Les femmes ont tendance à apprécier les souliers serrés, mais il est primordial que les orteils, eux, soient très libres de tout mouvement. On ne doit pas sentir de point de pression », dit le physiothérapeute Blaise Dubois. Il est parfois conseillé de prendre une pointure plus grande que celle de nos chaussures de ville... si elles sont trop petites.

Il faut aussi savoir que le pied vieillit. « Avec les années, le pied s'écrase un peu, s'allonge et peut prendre deux pointures, explique Blaise Dubois. On pense qu'il peut y avoir un grossissement de certains os du pied qui fait que, pour s'adapter, le pied s'allonge. »

Trouver chaussure à son pied

Si vous courez peu, vous pouvez vous contenter d'une chaussure multisports, selon François Lecot, kinésiologue. « On devrait investir dans une chaussure spécialement conçue pour la course dès que l'on court trois fois 30 minutes par semaine. »

Le premier critère lors du choix d'une chaussure, c'est le confort à l'essai, souligne François Prince. « Il est préférable d'essayer les chaussures en fin de journée, puisque le pied enfle et allonge durant la journée avec le poids du corps. » Lors de l'achat, on devrait se présenter en boutique avec le type de chaussettes que l'on prévoit porter à l'entraînement.

Le mieux est de se rendre dans une boutique spécialisée. Selon notre type de pied, le volume d'entraînement et le type de surface sur lequel nous courons (par exemple, asphalte ou sentier), un conseiller pourra nous orienter.

À noter ! Si on le peut, on apporte en boutique une vieille paire de chaussures qui, selon le type d'usure, mettra la puce à l'oreille du conseiller. Pour valider son hypothèse, il nous regardera courir en magasin.

Un soulier trop usé ?

Il est généralement recommandé de changer de souliers tous les 800 km ou environ toutes les 150 heures de course. Il est toutefois plus adéquat d'y aller à l'œil et à la sensation. Des chaussures peuvent être trop usées au bout de 300 km ou de trois mois, tandis que d'autres sont encore bonnes après 2 000 km. « Il faut regarder l'état de la semelle au talon. Si elle est usée de quelques millimètres et si la chaussure n'a plus sa morphologie pour maintenir le pied en équilibre, elle est trop usée », note François Prince. Il ne faut pas trop tarder. « Si la chaussure commence à être usée, elle déforme votre schéma de course et il y a risque de blessure », précise le physiothérapeute Blaise Dubois.

À noter ! Si notre soulier nous occasionne des douleurs au talon, à l'arche plantaire, au genou ou à la hanche, il se peut qu'il soit mal adapté ou tout simplement trop usé.

Courir pieds nus

La chaussure minimaliste est aujourd'hui en vogue. Mince, très légère, près du sol et sans soutien, elle a comme objectif de se rapprocher le plus possible de la sensation de courir pieds nus. D'ailleurs, certains n'hésitent pas à courir sans chaussures !

Selon les partisans de ce courant en plein essor, la chaussure minimaliste permettrait une technique de course améliorée (moins d'attaque du talon) et un risque de blessures réduit. Grâce à son poids léger, elle aurait aussi un avantage de performance. Toutefois, les études se contredisent et ne permettent pas de tirer une conclusion. « Il n'a jamais été démontré que la chaussure traditionnelle structurée occasionne plus de blessures, pas plus qu'il n'a été prouvé que le soulier minimaliste est plus performant qu'une chaussure traditionnelle à poids comparable », dit François Prince, de l'Université de Montréal.

Selon le physiothérapeute Blaise Dubois, « on consomme 1 % de plus en oxygène pour chaque 100 g de plus dans les pieds. C'est énorme sur la performance. » Les chaussures minimalistes sont effectivement plus légères que les chaussures structurées, mais pour combien de temps ? Des manufacturiers proposent des chaussures structurées de plus en plus légères.

Si l'on porte des chaussures structurées sans jamais se blesser, si on est bien adaptée et si on ne vise pas la performance, il n'y a aucune raison de faire la transition pour la chaussure minimaliste. Il n'y aurait toutefois pas de contre-indication, mis à part certaines pathologies du pied.

Comment passer à la chaussure minimaliste ? Avec beaucoup de précautions. « Une transition trop brusque occasionne un risque très élevé de blessure », insiste Blaise Dubois. Il conseille de courir avec les chaussures structurées en ajoutant, à chaque entraînement, une minute avec les chaussures minimalistes. Il faut être doublement prudente si l'on est en surpoids ou si l'on est plus âgée. Après 40 ans, on perd peu à peu son coussin adipeux sous le talon et le tendon d'Achille perd de son élasticité.

Selon François Prince, il peut s'écouler six mois avant que la transition ne soit complétée. « Pour courir avec des chaussures minimalistes, il faut avoir une excellente technique. Comme 80 % des coureurs attaquent du talon, ils doivent réapprendre à courir, sinon le risque de blessures est important. » C'est là le hic, selon lui. « La majorité des participants aux courses sont insuffisamment entraînés; mettront-ils alors le temps nécessaire à la transition ? » Il est permis d'en douter...

LE SOUTIEN-GORGE : SUPPORTONS NOS SEINS

À la course, on met de trois à cinq fois son poids sur les articulations. Et les seins ? Ils en prennent plein les bonnets ! Au fil des foulées, nous soumettons notre poitrine à environ 5 000 rebonds par 30 minutes. Or, une poitrine de taille D peut peser plus de 9 kg (20 lb) et effectuer un mouvement à la verticale de 21 cm (sans soutien-gorge).

Selon différents sondages, jusqu'à trois femmes sur quatre se plaignent d'une douleur à la poitrine durant la course à pied. Vous êtes plus du type A que du type D ? La perception de la douleur est la même chez les femmes, que la poitrine soit menue ou généreuse, que la course soit effectuée sur tapis roulant ou à l'extérieur.

Cet inconfort généralisé n'est pas étonnant puisque, selon une étude de l'Université de Portsmouth, en Angleterre, 70 % des femmes portent la mauvaise taille de soutien-gorge durant la pratique du sport. Ce que confirme Josée Prévost de la Maison de la course, à Mont-Saint-Hilaire : « La majorité des coureuses ne portent pas le soutien-gorge approprié. Il est soit trop usé, trop petit, trop grand ou, pire encore, il n'est pas fait pour le sport. Des clientes croient que si elles enfilent deux soutiens-gorge un par-dessus l'autre, elles auront plus de support. »

Avec un soutien-gorge à support insuffisant, trop grand ou trop usé (qui a perdu son élasticité), les seins des coureuses bougent à la verticale, mais aussi de l'avant à l'arrière et de gauche à droite. Une danse involontaire qui, dans certains cas, peut étirer la peau et ainsi amplifier à long terme les (fichus !) effets de la gravité. Un soutien-gorge de sport adéquat réduirait le mouvement jusqu'à 78 %, selon les chercheurs de l'Université de Portsmouth.

Sachons néanmoins que l'affaissement de la poitrine dépend de plusieurs facteurs : la lourdeur de la poitrine, la génétique, l'âge, l'élasticité de la peau, etc. « Une importante variation de poids est plus dommageable pour les seins que ne l'est la course à pied, fait remarquer la physiologiste et endocrinologue Martine Duclos, codirectrice de l'ouvrage *La femme sportive*. Quand on grossit, les tissus élastiques sont très distendus. Cela est irréversible et, avec la perte de poids, vient donc un affaissement. »

Chez des sportives de 18 à 25 ans à la poitrine menue, la course sans soutien-gorge ne provoque pas d'affaissement, au contraire. Selon une étude française menée auprès de 33 volontaires, l'inconfort diminue au fil des mois (et disparaît chez 88 % d'entre elles après un an), tandis que le sein s'adapte et se redresse. Cette découverte s'applique-t-elle également aux coureuses plus âgées, à forte poitrine ? L'auteure dit ne pas pouvoir extrapoler.

Les blessures aux seins : au-delà des mythes

Courir sans soutien-gorge approprié peut-il blesser le sein ? Absolument pas ! « Le sein n'est pas un organe fragile qui doit être soutenu et protégé, indique Martine Duclos. On peut porter un soutien-gorge, mais c'est avant tout culturel. »

Contrairement à certaines rumeurs, le rebond des seins ne crée pas de bouleversements hormonaux chez la femme, pas plus qu'il n'induit de production de lait (galactorrhée) chez les femmes qui allaitent ni chez celles qui n'ont jamais allaité. « La sécrétion de lait est stimulée par le cerveau, pas par le sein, souligne Martine Duclos. S'il se produit un écoulement au mamelon, il faut investiguer. Il peut s'agir d'une pathologie de l'hypophyse ou d'un effet induit par un médicament. »

Comment choisir le bon soutien-gorge de sport* ?

- On privilégie un soutien-gorge fait de tissu haute performance.
- On opte idéalement pour des bretelles qui croisent dans le dos et, pour les fortes poitrines, pour des bonnets qui encapsulent séparément les seins.
- La bonne taille? On doit pouvoir glisser facilement un doigt sous la couture inférieure du soutien-gorge et à l'épaule, sous la bretelle. Notre respiration ne doit pas être gênée.
- On préfère des bretelles ajustables puisque les seins ont tendance à grossir à l'approche des menstruations. À ce moment du mois, un soutien-gorge de taille de bonnets supérieure peut être nécessaire pour certaines femmes.
- On remplace le soutien-gorge tous les ans, avant qu'il ne perde de son élasticité.
- On le lave avec du savon doux, à la main ou à cycle délicat, et on le suspend pour le sécher afin de préserver son élasticité plus longtemps.

* Merci à Majorie Gosselin et Josée Prévost de la Maison de la course pour leurs conseils.

Les mamelons irrités

L'inconfort d'un soutien-gorge non ajusté est doublé chez celles qui, en plus d'endurer une douleur aux seins, souffrent d'une irritation du mamelon (*jogger's nipple*). L'irritation, qui peut provoquer des saignements, survient en présence de sueur (ou d'humidité) lorsque le tissu frotte sur la peau sensible du mamelon. Le résultat est hautement abrasif ! Les hommes sont aussi, sinon plus, touchés par ce bobo que les femmes.

Que faire pour prévenir et soigner ce problème ? On applique de la gelée de pétrole ou de l'onguent de zinc avant la course. Des hommes ont l'habitude de se recouvrir les mamelons de sparadraps. Pour soulager les symptômes, les pommades destinées aux femmes qui allaitent semblent être efficaces.

Courir avec des implants

Bien qu'il n'existe pas de registre provincial, on estime que, chaque année, au moins 5 000 Québécoises subissent une augmentation mammaire. Il n'y a pas de risque à courir avec des implants, à condition de suivre les recommandations de son chirurgien durant la période de convalescence. Il conseillera fort probablement un arrêt complet de la course à pied (ou de tout autre sport avec sauts) pendant au moins six semaines.

Accoucher au fil d'arrivée

« C'est le plus beau et le plus long jour de ma vie. » Coureuse expérimentée, Ambert Miller, 27 ans, a couru le marathon de Chicago au cours de sa trente-neuvième semaine de grossesse. Elle avait obtenu l'accord de son médecin, à condition qu'elle alterne marche et course. Lorsqu'elle a franchi le fil d'arrivée après 6 h 25 min, elle a senti des contractions plus intenses qu'à l'habitude. Elle a pris le temps de manger un sandwich et s'est rendue à l'hôpital. Sa fille, June, est née sept heures plus tard, à 3,5 kg.

Source : *Chicago Tribune*, 10 octobre 2011.

LA JUPE, C'EST *IN* !

Les *fashionistas* courent désormais avec style, et ce, même dans l'élite. En 2004, Nicole DeBoom a gagné le triathlon Ironman du Wisconsin vêtue d'une jupe qu'elle avait dessinée. Elle a créé sa collection Skirtsports, et la tendance était lancée. Aujourd'hui, 1 coureuse sur 4 porte la jupe, tandis que 1 sur 10 a complètement délaissé le short, selon un sondage du magazine *Runner's World*.

Toutes les compagnies s'y sont mises, de Nike à Brooks. Pour célébrer la jupe de course, on a même mis sur pied en 2007 le circuit SkirtChaser Racing Series, présent dans une dizaine de villes américaines. Les courses de 5 km sont mixtes, mais les hommes partent derrière... à la poursuite des jupettes.

LES BAS DE COMPRESSION : EFFET PLACEBO ?

Habituellement prescrits aux personnes sujettes aux varices et aux œdèmes, les bas de compression sont depuis peu la tendance chez les athlètes, particulièrement chez les coureuses. Conçus spécialement pour le sport, ils sont en demande dans les boutiques spécialisées. On a vu l'Américaine Shalane Flanagan en porter au marathon de New York. Accessoire de mode, ils sont offerts en blanc, noir, rose et avec motifs variés. On dit qu'ils contribuent à diminuer la fatigue musculaire et à améliorer la performance. Vrai ? Non, selon les recherches actuelles. Des Américains et des Australiens se sont penchés sur la question. Ils n'ont noté aucun effet sur la mécanique de la course et sur l'économie de la foulée, pas plus que sur la performance au sprint, la fatigue musculaire et la récupération. Par contre, certains sujets avaient l'impression d'être plus performants et de mieux récupérer.

UN PRÉCIEUX TEMPS POUR SOUFFLER

Jennifer Vary, 37 ans, Laval

Sur les comptoirs de la cuisine, la vaisselle sale s'empile dangereusement. « À qui le tour de laver et de ranger ? » demande Jennifer, en regardant une liste sur le frigo. Aucun verre n'est propre. Bof. Elle boira son eau dans un verre à vin. Dans la cour arrière, la petite Kuna jappe et mordille le fil électrique du filtreur de la piscine. Jennifer pousse un soupir, exaspérée. Elle a d'autres soucis. En jouant dans le jardin, sa fille Béatrice, quatre ans, s'est enfoncé un bouton de fleur dans le nez. Rien n'y fait, il reste coincé, profondément. Une visite à la clinique médicale s'impose. Les préparatifs pour le week-end familial de camping seront retardés. Bienvenue dans le tourbillon quotidien de Jennifer.

Jennifer est la mère de six enfants âgés de 4 à 18 ans. Il y a Béatrice, Frédéric, Jérôme, Philippe, Benjamin et Charles. Elle a démarré une petite savonnerie artisanale, elle blogue régulièrement sur son quotidien, elle rédige un livre. Comme si le quotidien n'était pas assez mouvementé, la famille héberge pour quelques mois Kuna, un jeune bouvier bernois de la Fondation Mira. « Elle creuse des trous dans le jardin, arrache mes concombres, mange les jouets des enfants. Elle a même dévoré un poulet que je m'apprêtais à servir. »

La vie de Jennifer n'est jamais sur pause. À moins de forcer un peu les choses. Entre deux brassées de lavage, un rendez-vous chez le garagiste, le souper à concocter, des commandes de savon à préparer et à expédier, les devoirs des plus jeunes à superviser, elle s'éclipse en douce pour courir. Un moment sacré. Pendant 40 minutes, elle longe la rivière des Prairies sur la piste cyclable. Elle court doucement, lentement. Comme si elle ne voulait d'aucune façon bousculer cet état de bien-être et de sérénité qui s'installe au rythme de ses foulées.

« Quand je cours, je vis pleinement le moment présent. À mon retour, si j'ai des choses à régler, les solutions m'arrivent plus facilement. J'ai l'impression que le simple fait de décrocher m'aide à me recentrer. J'en retire un grand sentiment d'accomplissement. Les bienfaits sont physiques, mais aussi psychologiques. »

Jamais elle ne quitte la maison sans ses écouteurs. Selon son humeur, elle se laisse bercer par Leonard Cohen et Charles Aznavour, elle danse sur Jean Leloup et Abba ou elle s'évade sur Richard Desjardins et Johnny Cash. « Certaines pièces me donnent un *boost* incroyable, j'ai l'impression de courir plus vite et je suis plus motivée. » Parfois, ses fils sortent de l'autobus au même moment et courent avec elle, sac sur le dos. « On revient à la maison en jasant, c'est un beau moment que j'ai avec eux. »

Des foulées et des plats mijotés

Malgré le bien que la course lui procure, elle est parfois moins assidue qu'elle le souhaiterait. « Quand ça fait deux semaines que je n'ai pas couru, ça me manque. Si je vois des coureurs ou que j'entends une musique entraînante, j'ai des fourmis dans les jambes. »

Trouver le temps de courir est pour elle un vrai casse-tête. Le moment idéal ? En fin d'après-midi, quand le souper mijote. À peine a-t-elle repris son souffle que les plats sont prêts à servir. « Je savoure alors ce sentiment d'accomplissement. Je me donne le droit de m'écraser et de respirer. Ça marque une pause qui me rappelle que la journée est presque terminée. »

Occasionnellement, elle se réveille très tôt. Si elle se sent en forme, elle court profiter de l'air frais matinal alors que la maisonnée est encore endormie. Pas question toutefois de régler son réveille-matin pour s'entraîner. « J'ai beaucoup de fatigue accumulée, alors j'essaie de dormir autant que je peux. Je me réveille rarement dans une grande sérénité. Le plus souvent, je me lève parce que je me retrouve coincée entre deux enfants. »

Parce qu'elle dit courir à la vitesse d'une tortue, Jennifer ressent un malaise à se qualifier de coureuse. Pourtant, la course est pour elle une passion. À l'occasion, elle se surprend à être du départ d'une compétition. Elle aime cette fébrilité dans l'air, l'énergie de groupe. « Je suis consciente que je suis très lente, souvent mal préparée, et je m'assume. Réussir à finir une course est pour moi une grande satisfaction. »

Le sentiment de l'imposteur est, malgré tout, omniprésent. « Je lève mon chapeau aux femmes qui trouvent deux heures dans leur journée pour courir 20 km. Moi, je ne suis qu'une mère qui tente de s'aérer l'esprit. »

Elle court régulièrement depuis environ six ans, inspirée par ses cousines, mais son baptême remonte à l'enfance. À huit ans, elle a participé à une course de 10 km. Un énorme défi pour une si petite fille. « J'y tenais mordicus. Je voulais amasser des fonds pour la fondation Terry Fox. Au départ, j'étais pleine de volonté et d'énergie, mais je me suis vite fatiguée. Je pleurais, ma mère me suivait en auto. Je voulais monter, mais elle me disait de continuer. » La torture. Jennifer a terminé dernière, mais fière. Elle a beaucoup appris, l'expérience lui a laissé un grand sentiment de fierté et de dépassement.

Des années plus tard, lorsque le malheur a frappé et l'a brisée, la course est revenue sous forme de bouée. Elle l'a aidée à garder la tête hors de l'eau. Pour cela, la course sera toujours là, en elle.

Revivre

Retour en 2006. Ça sentait bon le pain doré. Jennifer avait préparé le petit-déjeuner pour toute sa bande. La matinée s'annonçait superbe. Elle est montée à l'étage réveiller son petit Thomas, deux ans. Il était couché à plat ventre, le visage enfoui dans son oreiller. Jennifer a flatté ses pieds étonnamment froids. Trop froids ? Elle l'a retourné vers elle et un cri d'effroi a secoué la maison. Le visage de Thomas était bleuté, cyanosé. Sans vie.

« Je me déplaçais de pièce en pièce. J'étais en état de choc, je ne réalisais pas trop ce qui se passait. J'ai pris mon fils dans mes bras, je voulais l'avoir contre moi. Son petit corps était raide. » François, le conjoint de Jennifer, a tenté des manœuvres de réanimation, il a composé le 911. Il était trop tard, c'était évident. « Il était mort depuis plusieurs heures. » La veille, il souffrait d'une forte fièvre. En l'espace d'une nuit, une agressive bactérie a eu raison de lui. Thomas est décédé de septicémie, leur a annoncé le coroner six mois plus tard.

À l'hôpital et lors des obsèques, Jennifer est restée stoïque. Sans larmes. Elle devait « tenir le fort », gérer le difficile deuil de ses enfants et s'occuper de son bébé Frédéric, né cinq mois plus tôt. Son fils Jérôme, devenu très anxieux, n'acceptait pas de la perdre de vue, pas même une seconde. « Je ne pouvais même plus aller seule aux toilettes. »

Elle a tenu le coup, fière et droite, pendant neuf mois. « J'avais l'air vraiment insensible. J'avais pris de la distance pour être fonctionnelle. » Puis, elle a craqué. « Je n'en pouvais plus de me retenir, je voulais juste pleurer. » Elle est descendue au sous-sol dans la pièce où il y a le deuxième frigo, l'équipement de camping. « Je me suis cachée, en petite boule, derrière la fournaise et une pile de boîtes. Je pleurais, je pleurais. J'entendais mes enfants qui me réclamaient, mais je ne pouvais m'arrêter. »

Jennifer est devenue membre d'un groupe de soutien pour mères endeuillées, mais n'y a pas trouvé sa place. « Je voyais que je déclinais. Je sais qu'on peut tenir toute seule pendant un moment, mais je craignais de tomber en dépression. Je ne voulais pas être médicamentée. J'ai donc commencé à courir. J'avais besoin d'une bonne dose d'adrénaline dans ma vie. Courir m'a apporté un bien-être psychologique salutaire. La course a une incidence sur la capacité à gérer les coups durs, les émotions. On ne peut pas être imperméable aux endorphines que le corps produit. »

Le goût de vivre a peu à peu repris le dessus. Celui de donner la vie aussi. Béatrice est née. « J'ai couru en début de grossesse et j'ai recommencé quelques semaines après sa naissance. J'avais tellement hâte de me réapproprier mon corps. »

Depuis, Jennifer court parfois assidûment. Parfois moins. Peu importe la fréquence, peu importe la cadence, courir est désormais un besoin vital. Pour faire le vide ou le plein, c'est selon. Le vide de tracas. Le plein d'énergie. « Courir fait partie de moi. C'est viscéral. »

Thomas est à tout jamais présent. D'ailleurs, Jennifer affirme qu'elle est la maman de sept enfants. « Ne pas l'inclure serait pour moi comme une volonté d'oublier, ce qui n'est pas le cas. J'ai six enfants vivants et sept dans mon cœur. » Sur le mur de la salle à manger, un grand diptyque attire l'œil. Une artiste a peint le visage de Thomas, le regard vif et touchant. Elle a intégré à la toile un morceau de son casse-tête préféré, une petite grenouille. Un bout de tissu de sa doudou. Un hippopotame, pareil à celui qui était représenté sur ce chandail qu'il aimait tant.

Lorsque Jennifer court, elle profite de ce temps précieux pour s'évader dans ses pensées. Elle est surtout centrée sur elle-même, sur sa quiétude d'esprit. Parfois, elle pense à Thomas. « En balayant le quotidien, toutes les urgences à gérer et les feux constants à éteindre, il est plus facile de ressentir cette douceur, cette mélancolie et parfois aussi la douleur de la déchirure. »

BIBLIOGRAPHIE

Introduction

Allard, Sophie. « Elles courent », *La Presse,* 22 septembre 2011, section « Vivre, Arts et spectacles », p. 6.

« Certains sports constituent un suicide pour la femme », *Le Petit Journal,* 28 octobre 1934, p. 33.

Cloutier, Jean-Yves, et Michel Gauthier. *Courir au bon rythme,* Montréal, Éditions La Presse, 2011.

Detellier, Élise. « *They Always Remain Girls* » *: la re/production des rapports de genre dans les sports féminins au Québec, 1919-1961,* thèse, Faculté des arts et sciences, Université de Montréal, 2011.

« Fabre organisera une course de 15 milles mixte et à relais à Saint-Henri », *Le Petit Journal,* 15 mai 1932, p. 24.

« Festival au parc Lafontaine », *Le Petit Journal,* 27 février 1927, p. 7.

Foisy, Paul. « Jacqueline Gareau », *Panthéon des sports du Québec,* 2010, [En ligne], www.rds.ca/pantheon/chroniques/204855.html (page consultée en août 2012).

Hamel, Denis, et Benoît Tremblay. *Étude des blessures subies au cours de la pratique d'activités récréatives et sportives au Québec en 2009-2010,* Québec, Institut national de santé publique, 2012, [En ligne], www.inspq.qc.ca/pdf/publications/1507_EtudeBlessuresActRecreaSportQc2009-2010.pdf (page consultée en septembre 2012).

Institut de la statistique du Québec. *Enquête québécoise sur les activités physiques, sportives et de loisir. Rapport d'enquête,* Québec, Institut de la statistique du Québec, 2006, [En ligne], www.stat.gouv.qc.ca/publications/sante/pdf2007/rappEQAPSL_tome1.pdf (page consultée en mai 2012).

« La femme devant le sport », *Le Petit Journal,* 4 mars 1928, p. 19.

« La femme et le sport », *Le Petit Journal,* 24 août 1930, p. 32.

« La reine des courses », *Le Petit Journal,* 22 octobre 1933, p. 27.

« Le boxeur Albert Ladou donnera le signal du départ de la course de 5 milles pour jeunes filles », *Le Petit Journal,* 28 août 1932, p. 30.

« Les participantes à la course de 5 milles du 8 mai devront avoir un certificat du médecin », *Le Petit Journal,* 24 avril 1932, p. 28.

« Mesdames et mesdemoiselles, ne participez pas à la course de 10 milles sans vous être entraînées au préalable ! », *Le Petit Journal,* 8 septembre 1929, p. 17.

« Mlle D'Arcy court 5 milles en 31 m. en brisant son record », *Le Petit Journal,* 17 juillet 1932, p. 31.

Chapitre 1

Allard, Sophie. « Accros à la course à pied », *La Presse,* 13 avril 2008, cahier « Actuel », p. 3.

Allard, Sophie. « L'euphorie du coureur », *La Presse,* 13 avril 2008, cahier « Actuel », p. 2.

Bherer, L., et autres. « Benefits of physical exercise training on cognition and quality of life in frail older adults », *The Journals of Gerontology Series B : Psychological Sciences and Social Sciences,* 2012, doi : 10.1093/geronb/gbs069.

Boecker, Henning. « The runner's high : Opioidergic mechanisms in the human brain », *Cerebral Cortex,* 2008, vol. 18, n° 11, p. 2523-2531.

Boivin, Diane B. *Le sommeil et vous. Mieux dormir, mieux vivre,* Montréal, Éditions Trécarré, 2012.

Bordeleau, Monique, Valeriu Dumitru et Nathalie Plante. *Santé mentale et bien-être des adultes québécois : un aperçu à partir de quelques indicateurs-clés. Enquête sur la santé dans les collectivités canadiennes (cycle 1.2), Portrait chiffré,* Québec, Institut de la statistique du Québec, 2010.

Chakravarty, E. F., et autres. « Reduced disability and mortality among aging runners : A 21-year longitudinal study », *Arch Intern Med,* 11 août 2008, vol. 168, n° 15, p. 1638-1646.

Chaput, Jean-Philippe, Jean-Pierre Després, Claude Bouchard et Angelo Tremblay. « Short sleep duration is associated with reduced leptin levels and increased adiposity : Results from the Québec family study », *Obesity*, 2007, vol. 15, p. 253-326.

Comité scientifique de Kino-Québec. *Activité physique et santé osseuse*, Québec, Ministère de l'Éducation, du Loisir et du Sport, 2008, [En ligne], www.kino-quebec.qc.ca/publications/santeosseuse.pdf (page consultée en mai 2012).

Comité scientifique de Kino-Québec. *L'activité physique et le poids corporel*, Québec, Secrétariat au loisir et au sport, Ministère de l'Éducation, du Loisir et du Sport, 2006, [En ligne], www.kino-quebec.qc.ca/publications/AvisPoids%20CorporelMars2008.pdf (page consultée en novembre 2012).

Cramp, Fiona, et James Byron-Daniel. « Exercise for the management of cancer-related fatigue in adults », *The Cochrane Library*, 2012, dans *Science Daily*, 23 novembre 2012, 10.1002/14651858.CD006145.pub3.

« Effets psychologiques de la pratique d'activités physiques », *Le coin scientifique*, Kino-Québec. Gouvernement du Québec, [En ligne], www.kino-quebec.qc.ca/effets.asp (page consultée en septembre 2012).

Erickson, Kirk I., et autres. « Exercise training increases size of hippocampus and improves memory », *PNAS*, 15 février 2011, vol. 108, n° 7, p. 3017-3022.

Ghanbari, Zinat, et autres. « The effect of three months regular aerobic exercise on premenstrual syndrom », *Journal of Family and Reproductive Health*, décembre 2008, vol. 2, n° 4, p. 167.

Knight, Julia A., et autres. « Light and exercise and melatonin production », *American Journal of Epidemiology (Advance Access published)*, 5 octobre 2005, vol. 162, n° 11, p. 1114-1122.

Ledoux, Marielle, Natalie Lacombe et Geneviève Saint-Martin. *Nutrition, sport et performance*, Montréal, Tricyle, 2006.

Leitzmann, Michael F., et autres. « Prospective study of physical activity and risk of post-menopausal breast cancer », *Breast Cancer Research*, 31 octobre 2008, vol. 10, n° 5, p. R92.

Maruit, S. S., et autres. « A prospective study of age-specific physical activity and premenopausal breast cancer », *Journal of the National Cancer Institute*, 13 mai 2008.

McCullough, Lauren E. « Fat or fit : The joint effects of physical activity, weight gain, and body size on breast cancer risk », *Cancer*, 2012, DOI : 10.1002/cncr.27433.

Montgomery, I., et autres. « Sleep disruption following a marathon », *Journal of Sports Medicine and Physical Fitness,* 1985, n° 25, p. 67-74.

Murphy, Sam. « Run for life : The real woman's guide to running », Londres, Kyle Cathie, 2003.

Passos, G. S., et autres. « Effect of acute physical exercise on patients with chronic primary insomnia », *J. Clin Sleep Med,* 15 juin 2010, vol. 6, n° 3, p. 270-275.

Prior, J. C., et Y. M. Vigna. « Ovulation Disturbances and exercise training », *Clin Obstet Gynecol,* 1991, n° 34, p. 180-190.

Reid, Kathryn J., et autres. « Aerobic exercise improves self-reported sleep and quality of life in older adults with insomnia », *Sleep Medicine*, octobre 2010, vol. 11, n° 9, p. 934-940.

Schnohr, P., et autres. « Long-term physical activity in leisure time and mortality from coronary heart disease, stroke, respiratory diseases, and cancer. The Copenhagen City Heart Study », *Eur J Cardiovasc Prev Rehabil,* avril 2006, vol. 13, n° 2, p. 173-179. (Les plus récents résultats ont été présentés en mai 2012 à la convention EuroPRevent2012.)

Shapiro, C. M., et autres. « Fitness facilitates sleep », *European Journal of Applied Physiology*, 1984, n° 53, p. 1-4.

Statistique Canada. *Enquête sociale générale,* Ottawa, Statistique Canada, 2005.

Thibault, Guy. *Entraînement cardio, sports d'endurance et de performance,* Montréal, Éditions Vélo Québec, collection « Géo Plein Air », 2009.

Thibault, Guy. « Lipomax : mythe ou réalité ? », *Sport et Vie,* 2010, n° 119, p. 26-32.

Yu-Wen, Chen, et autres. « Exercise training attenuates neuropathic pain and cytokine expression after chronic constriction injury of rat sciatic nerve », *Anesthesia and Analgesia,* 2012, vol. 114, n° 6, p. 1330.

Zhiping, Chen, et autres. « Speed controls the amplitude and timing of the hippocampal gamma rhythm », *Plos One,* 24 juin 2011, doi :10.1371/journal.pone.0021408.

Chapitre 2

Allard, Sophie. « La course use les genoux et autres mythes », *La Presse,* 22 juillet 2009, section « Vivre, Voyage », p. 6.

Almond, Christopher S. D., et autres. « Hyponatremia among runners in the Boston Marathon », *N Engl J Med,* 14 avril 2005, n° 352, p. 1550-1556.

Buist, Ida. « No effect of a graded training program on the number of running-related injuries in novice runners », *Am J Sports Med,* janvier 2008, vol. 36, n° 1, p. 33-39.

Dagny, Scott Barrios. *Runner's World Complete Book of Women's Running,* Emmaus, Rodale Books, 2007.

Law, R. Y. « Warm-up reduces delayed onset muscle soreness but cool-down does not : A randomised controlled trial », *Aust J Physiother*, 2007, n° 53, vol. 2, p. 91-95.

Noakes, T. D. « Case proven : Exercise associated hyponatraemia is due to overdrinking. So why did it take 20 years before the original evidence was accepted ? », *Br J Sports Med,* juillet 2006, vol. 40, n° 7, p. 567-572.

Reynolds, Gretchen. « To stretch or not to stretch », *Well,* The New York Times, 22 juin 2011, [En ligne], http://well.blogs.nytimes.com/2011/06/22/to-stretch-or-not-to-stretch/ (page consultée en septembre 2012).

Thibault, Guy. « À l'école des fractions », *Sport et Vie,* 2007, n° 102, p. 54-57.

Thibault, Guy. *Entraînement cardio sports d'endurance et de performance,* Montréal, Éditions Vélo Québec, Collection « Géo Plein Air », 2009.

Winger, James, Jonathan Dugas et Lara Dugas. « Beliefs about hydration and physiology drive drinking behaviours in runners », *Br J Sports Med,* 2011, n° 45, p. 646-649, dans *Body Science*, 6 septembre 2011.

Chapitre 3

Allard, Sophie. « Course à pied : pour un hiver sans revers », *Espaces*, janvier 2009, [En ligne], www.espaces.ca/categorie/conseils/entrainement/article/483-course-a-pied-pour-un-hiver-sans-revers (page consultée en août 2012).

Allard, Sophie. « Plus frileuses, les femmes ? », *La Presse*, 6 novembre 2009, section « Vivre », p. 8.

Boisseau, Nathalie, Martine Duclos et Michel Guinot. « La femme sportive, spécificités physiologiques et physiopathologiques », Bruxelles, De Boeck, Collection « Sciences et pratique du sport », 2009.

Crane, J. D., et autres. « Massage therapy attenuates inflammatory signaling after exercise-induced muscle damage », *Science Translational Medicine*, 2012, vol. 4, n° 119, doi :10.1126/scitranslmed.3002882.

Dagny, Scott Barrios. *Runner's World Complete Book of Women's Running*, Emmaus, Rodale Books, 2007.

« Des records de chaleur établis dans des villes du Québec », *La Presse*, 14 juillet 2012, [En ligne], www.lapresse.ca/actualites/quebec-canada/national/201207/14/01-4543724-des-records-de-chaleur-etablis-dans-des-villes-du-quebec.php (page consultée en septembre 2012)

Institut national de santé publique du Québec. *Étude des blessures subies au cours de la pratique d'activités récréatives et sportives au Québec en 2009-2010*, Québec, Institut national de santé publique, 2012, [En ligne], www.inspq.qc.ca/pdf/publications/1507_EtudeBlessuresActRecreaSportQc2009-2010.pdf (page consultée en septembre 2012).

James B. H., et autres. « Prevention of lower extremity stress fracture in athletes and soldiers : A systematic review », *Epidoemiol Rev*, décembre 2002, vol. 24, n° 2, p. 228-247.

Johnson, S. T., K. Kipp et M. A. Hoffman. « Spinal motor control differences between the sexes », *Eur J Appl Physiol*, novembre 2012, vol. 112, n° 11, p. 3859-3864.

Kim, Han. « Cold hands, warm heart », *The Lancet*, 16 mai 1998, vol. 351, n° 9114, p. 1492.

« La fasciite plantaire », *Une pilule une petite granule,* Télé-Québec, 20 janvier 2011, document vidéo, [En ligne], http://video.telequebec.tv/shadowbox/?fn=803&tc=114&src=13&sec=1 (page consultée en octobre 2012).

Lamarche, Clémence. « Dossier du mois : Test : la crème de la crème solaire », *Protégez-vous,* juillet 2010, p. 7.

Leblanc, J., et autres. « Study on the correlation of the autonomic nervous system responses to a stressor of high discomfort with personality traits », *Physiology and Behavior,* 30 septembre 2004, vol. 82, n° 4, p 647-652.,

« Les troubles digestifs et l'activité physique », *Volodalen,* [En ligne], www.volodalen.com/22troubles/digestion.htm (page consultée en octobre 2012).

« Massage after exercise myth busted », *ScienceDaily,* 8 mai 2009, [En ligne], www.sciencedaily.com/releases/2009/05/090507164405.htm (page consultée en octobre 2012).

Olivier, Joey. « Été 2012 : une première moitié de chaleur et de soleil », *Météomédia,* 31 juillet 2012, [En ligne], www.meteomedia.com/news/storm_watch_stories3&stormfile=_t__2012___une_premi_re_moiti__de_chaleur_et_de_soleil_31_07_2012 (page consultée en septembre 2012).

Rapaport, M. H., et autres. « A preliminary study of the effects of a single session of Swedish massage on hypothalamic–pituitary–adrenal and immune function in normal individuals », *The Journal of Alternative and Complementary Medicine,* 2010, [En ligne], www.ncbi.nlm.nih.gov/pmc/articles/PMC3107905/ (page consultée en octobre 2012).

Sanderlin, Brent W., et autres. « Common stress fractures », *Am Fam Physician,* 15 octobre 2003, vol. 68, n° 8, p. 1527-1532.

Thibault, Guy. *Entraînement cardio sports d'endurance et de performance,* Montréal, Éditions Vélo Québec, Collection « Géo Plein Air », 2009.

Tikuisis, P. « Comparison of thermoregulatory responses between men and women immersed in cold water », *J Appl Physiol,* octobre 2000, vol. 89, n° 4, p. 1403-1411.

« Troubles digestifs : c'est très courant ! », *Jogging international,* 10 mars 2010, vol. 30, p. 647-652, [En ligne], www.jogging-international.net/sante-forme/articles/troubles-digestifs-c-est-tres-courant-!2 (page consultée en octobre 2012).

Chapitre 4

Allard, Sophie. « Dans le bois entre filles », *La Presse,* 14 octobre 2011, section « Vivre », p. 2-3.

Allard, Sophie. « Enceinte et en forme », *La Presse,* 22 février 2009, section « Actuel », p. 2-3.

Brunet , M. E., et autres « A survey of running injuries in 1505 competitive and recreational runners », *J Sports Med Phys Fitness,* septembre 1990, vol 30, n° 3, p. 307–315.

Comité scientifique de Kino-Québec. *Activité physique et santé osseuse,* Québec, Ministère de l'Éducation, du Loisir et du Sport, 2008, [En ligne], www.kino-quebec.qc.ca/publications/santeosseuse.pdf (page consultée en mai 2012).

Comité scientifique de Kino-Québec. *L'activité physique, le sport et les jeunes – savoir et agir,* Ministère de l'Éducation, du Loisir et du Sport, 2011, [En ligne], www.mels.gouv.qc.ca/sections/publications/publications/SLS/Sport_activite_physique/ActivitePhysique LeSportEtLesJeunes_AvisCSKQ.pdf (page consultée en août 2012).

Gregory, D. A. « Physiologic responses to running with a jogging », *Int J Sports Med Stroller,* septembre 2012, vol. 33, n° 9, p. 711-715.

Hulley, Angela J., et autres. « Eating disorders and health in elite women distance runners », *Int J Eating Disord,* novembre 2001, vol. 30, n° 3, p. 312-317.

Jeunes en forme Canada. « Le jeu actif est-il en voie d'extinction ? », *Le Bulletin 2012 de l'activité physique chez les jeunes,* Toronto, Jeunes en forme Canada, 2012, [En ligne], http://dvqdas9jty7g6.cloudfront.net/reportcards2012/JEF %202012 %20- %20Bulletin %20 sommaire %20- %20FINAL.pdf (page consultée en mai 2012).

Kino-Québec. *Active pour la vie – l'activité physique pendant et après la grossesse,* Québec, Gouvernement du Québec, 2012, [En ligne], www.mels.gouv.qc.ca/sections/publications/publications/SLS/Sport_activite_physique/BrochureActivePourLaVie2012.pdf (page consultée en mai 2012).

Lebrun, C. M. « Effect of the different phases of the menstrual cycle and oral contraceptives on athletic performance », *Sports Med,* décembre 1993, vol. 16, n° 6, p. 400-30.

Lebrun, C. M. « The effect of the phase of the menstrual cycle and the birth control pill on athletic performance », *Clin Spors Med,* avril 1994, vol. 13, n° 2, p. 419-441.

Lebrun, C. M., et autres. « Effects of menstrual cycle phase on athletic performance », *Medicine and Science in Sports and Exercise*, 1995, n° 27, p. 437-444.

Lepers, R., et T. Cattagni. « Do older athletes reach limits in their performance during marathon running ? », *Age (Dordr)*, juin 2012, vol. 34, n° 3, p. 773-781.

Möller-Nielson, J., et M. Hammar. « Women's soccer injuries in relation to the menstrual cycle and oral contraceptive use », *Med Sci Sports Exerc*, avril 1989, vol. 21, n° 2, p. 126-129.

Nystad, W., et autres. « Exercise during pregnancy and the gestational age distribution : A cohort study », *Med. Sci. Sports Exerc.* juin 2012, vol 44, n° 6, p. 1067-1074.

Sowers, M., et autres. « Changes in body composition in women over six years at midlife : Ovarian and chronological aging », *J Clin Endocrinol. Metab*, 2007, n° 92, p. 895-901, dans Nathalie Boisseau, Martine Duclos et Michel Guinot (dir.). , Collection « Sciences et pratique du sport », Bruxelles, De Boeck, *La femme sportive, spécificités physiologiques et physiopathologiques*, 2009.

« Sport injury link to menstruation », *BBC News*, 4 novembre 2006, [En ligne], http://news.bbc.co.uk/2/hi/health/6112988.stm (page consultée en novembre 2012).

Wise, Lauren, et autres. « A prospective cohort study of physical activity and time to pregnancy » *Fertil Steril*, mai 2012, vol. 97, n° 5, p. 1136-1142.

Chapitre 5

Allard, Sophie. « Au fil d'arrivée avec Fido », *La Presse*, 30 juillet 2009, section « Actuel », p. 7.

Allard, Sophie. « Coureuse des bois », *La Presse*, 6 janvier 2012, section « Vivre », p. 3.

Allard, Sophie. « Le gym liquide », *La Presse*, 16 septembre 2011, section « Vivre », p. 7.

Allard, Sophie. « Pousser son corps à la limite », *La Presse*, 20 août 2009, section « Mode », p. 4.

Colado, J. C., et autres. « Two-leg squat jumps in water: An effective alternative to dry land jumps », *Int J Sports Med.*, février 2010, vol. 31, n° 2, p. 118-122.

Folie-Boivin, Émilie. « Oui, je le peux », *Le Devoir*, 8 juin 2012, [En ligne], http://www.ledevoir.com/societe/actualites-en-societe/351914/oui-je-le-peux, (page consultée en août 2012).

Kamalakkannan, K., et autres. « Influence of aquatic training on selected physical fitness variables among volleyball players », *Indian Journal of Science and Technology*, juillet 2010, vol. 3, n° 7, p. 743- 745.

La Presse. « Londres 2012 », *La Presse*, juillet 2012, 628 pages.

Parker-Hope, Tara. « Forget the treadmill. Get a dog », *The New York Times*, 14 mars 2011, [En ligne], http://well.blogs.nytimes.com/2011/03/14/forget-the-treadmill-get-a-dog (page consultée en août 2012).

Tardif, Jean-François. « Le Porho, roi incontesté », *Le Soleil*, 12 mars 2012, [En ligne], http://www.lapresse.ca/le-soleil/sports/actualites-sportives/201203/11/01-4504514-raquette-a-neige-le-porho-roi-inconteste.php (page consultée en août 2012).

Tardif, Jean-François. « Sylvie Boisvert bat son record canadien », *Le Soleil*, 28 mai 2010, [En ligne], http://www.lapresse.ca/le-soleil/sports/actualites-sportives/201005/28/01-4284807-sylvie-boisvert-bat-son-record-canadien.php (page consultée en août 2012).

Chapitre 6

Allard, Sophie. « Jogger en musique », *La Presse*, 14 octobre 2007, section « Actuel », p. 5.

Collier, Scott. « Early morning exercise is best for reducing blood pressure and improving sleep », University News, Appalachian State University, 13 juin 2011, [En ligne], www.news.appstate.edu/2011/06/13/early-morning-exercise/ (page consultée en août 2012).

« Exercise is not enough for sedentary workers », *ScienceDaily*, 23 mars 2012, [En ligne], www.sciencedaily.com/releases/2012/03/120323093804.htm (page consultée en août 2012).

Gibala, M. J., et autres. « Metabolic adaptations to short-term high-intensity interval training : A little pain for a lot of gain ? », *Exerc Sport Sci Rev*, avril 2008, vol. 36, n° 2, p. 58-63.

Hanlon, B., et autres. « Neural response to pictures of food after exercise in normal-weight and obese women », *Med Sci Sports Exerc*, octobre 2012, vol. 44, n° 10, p. 1864-1870.

« Jog to the beat : Music increases exercise endurance by 15 % », *ScienceDaily*, 2 octobre 2008, [En ligne], www.sciencedaily.com /releases/2008/10/081001093753.htm (page consultée en août 2012).

Laberge, Suzanne, Diane Boudreault, Suzanne Delisle et Sonia Dugal. *Pour des Québécoises plus actives et en meilleure santé*, Québec, Secrétariat au loisir et au sport, Gouvernement du Québec, 2001, [En ligne], www.kino-quebec.qc.ca/publications/quebecoisesactives.pdf (page consultée en août 2012).

Migneault, Joanie. *Portrait statistique des familles au Québec 2011*, Québec, Ministère de la Famille et des Aînés, [En ligne], www.mfa.gouv.qc.ca/fr/publication/Documents/SF_Portrait_stat_synthese_11.pdf (page consultée en août 2012).

Owen, N., G. N. Healy, C. E. Matthews et D. W. Dunstan. « Too much sitting : The population health science of sedentary behavior », *Exerc Sport Sci Rev*, juillet 2010, vol. 38, n° 3, p. 105-113.

Patel, A. V., et autres. « Leisure time spent sitting in relation to total mortality in a prospective cohort of US adults », *Am J Epidemiol*, 2010, vol. 172, n° 4, p. 419-429.

Statistique Canada. *Enquête sur la population active (EPA)*, Ottawa, Statistique Canada, 2011.

Thibault, Guy. « Bouger tard le soir », Le Coin scientifique, Kino-Québec, [En ligne] http://www.kino-quebec.qc.ca/bouger.asp (page consultée en août 2012).

Thibault, Guy. « Et maintenant, le nano entraînement ! », *Sport et vie*, 2010, n° 120, p. 16-21.

White, J.-L., et autres. « Factor related to physical activity adherence in women : Review and suggestions for future research », *Women and Health*, 2005, vol. 41, n° 4, p. 123-148.

Youngstedt, S. D., et autres. « Is sleep disturbed by vigourous late-night exercise ? », *Med Sci Sports Exerc*, 1999, vol. 31, n° 6, p. 864-869.

Chapitre 7

Boisseau, Nathalie, Martine Duclos et Michel Guinot. Collection « Sciences et pratique du sport », Bruxelles, De Boeck, *La femme sportive, spécificités physiologiques et physiopathologiques,* 2009.

Bowen Shea, Sarah. « Fastinista ! », *Runner's World,* août 2011, p. 68-79.

Bryner, Jeanna. « Bras don't support bouncing breasts, study finds », *Livescience,* 11 septembre 2007, [En ligne], www.livescience.com/1864-bras-support-bouncing-breasts-study-finds.html (page consultée en août 2012).

« Compression clothing has little impact on athletic performance, study suggests », *ScienceDaily,* 4 juin 2010, [En ligne], www.sciencedaily.com/releases/2010/06/100603140955.htm (page consultée en août 2012).

Greusard, Renée. « Non, courir sans soutif n'est pas mauvais pour les seins », *Rue89,* 30 avril 2012, [En ligne], http://www.rue89.com/rue89-sport/2012/04/30/non-courir-sans-soutif-nest-pas-mauvais-pour-les-seins-231516 (page consultée en 2012).

Layman, et autres. « Lower leg compression sleeves : Influence on running mechanics and economy in highly trained distance runners », *Medicine and Science in Sports and Exercise,* 2010, vol. 42, n° 5.

Pierrot, Laetitia. *Évolution du sein après l'arrêt du port du soutien-gorge, étude préliminaire longitudinale sur 33 sportives volontaires,* thèse, Faculté de médecine et de pharmacie, Université de Franche-Comté, 2003.

Scurr, J., et autres. « A comparison of three-dimensional breast displacement and breast comfort during overground and treadmill running », *J Appl Biomech,* février 2011, vol. 27, n° 1, p. 47-53.

Scurr, J. C., White, J. L., et Hedger, W. « Supported and unsupported breast displacement in three dimensions across treadmill activity levels », *J Sports Sci,* janvier 2011, vol. 29, n° 1, p. 55-61.

Encadrés

Allard, Sophie. « La ville comme terrain de jeu », *La Presse*, 2 septembre 2011, section « Vivre » p. 7.

Allard, Sophie. « Un gym dans le soulier ? », *La Presse*, 13 août 2009, section « Vivre en santé », p. 3.

Bielski, Zosia. « Are women avoiding exercise because of the gym's change room ? », *The Globe and Mail*, 22 avril 2012, [En ligne], http://www.theglobeandmail.com/life/health-and-fitness/fitness/are-women-avoiding-exercise-because-of-the-gyms-change-room/article4210394/ (page consulté en août 2012).

Bosquet, Laurent. « Les femmes dépasseront-elles les hommes dans les épreuves d'endurance ? », *Nutritions et Endocrinologie*, novembre-décembre 2011, vol. 9, n° 53, p. 140-142.

Bryner, Jeanna. « No sex required : Women have orgasms at the gym », 19 mars 2012, [En ligne], http://www.livescience.com/19145-exercise-induced-orgasm-sexual-pleasure.html (page consultée en mai 2012).

Massé, Isabelle. « Quand des géants comme Reebok se font pincer », *La Presse*, 30 septembre 2011, section « La Presse Affaires », p. 7.

« Marathon Mom », *Chicago Tribune*, 11 octobre 2011, [En ligne], http://articles.chicagotribune.com/2011-10-11/news/ct-edit-marathon-mom-20111011_1_marathon-route-pregnancy-sunday-s-chicago-marathon (page consultée en mai 2012).

Nations Unies. « Les femmes, l'égalité des sexes et le sport », *Femmes en l'an 2000 et au-delà*, décembre 2007, p. 16, [En ligne], http://www.un.org/womenwatch/daw/public/Women_and_Sport_French-web.pdf (page consultée en août 2012).

« Pakistanaises, pas soumises ! », *Journal des Alternatives*, 2 mars 2006, [En ligne], http://journal.alternatives.ca/spip.php?article2389 (page consultée en août 2012).

« Paralysed Claire Lomas completes London Marathon », *The Telegraph*, 8 mai 2012, [En ligne], http://www.telegraph.co.uk/sport/othersports/athletics/london-marathon/9252205/Paralysed-Claire-Lomas-completes-London-Marathon.html

SITES D'INTÉRÊT

Association des gynécologues et obstétriciens du Québec : gynecoquebec.com

Association pour l'avancement des femmes, du sport et de l'activité physique : caaws.ca

À toi Lola : atoilola.com

Bobbi Gibb : Bobbigibb.com

Canicross Québec : canicrossquebec.org

Cours ta réussite : courstareussite.com

Défi des Dames de cœur : marathonquebec.com/sites/damesdecoeur.html

Égale Action : egaleaction.com

Étudiants dans la course : etudiantsdanslacourse.org

Fédération des kinésiologues du Québec : kinesiologue.com

Fédération québécoise d'athlétisme : athletisme.qc.ca

Fillactive : fillactive.ca

Fondation des maladies du cœur : fmcoeur.qc.ca

Iskio.ca Destination course : iskio.ca

Jacqueline Gareau : jacquelinegareau.com

Kino-Québec : kino-quebec.qc.ca

Kmvert : kmvert.com

Marathon Woman : KathrineSwitzer.com

La Trotteuse : defiestrie.com/la-trotteuse

Les courses Spartan : spartanrace.com

Magazine canadien sur la course de sentiers : trailrunner.ca

Magazine km*ag* : kmag.ca

Magazine *Runner's World* : runnersworld.com/womens-running

Magazine *Zatopek* : zatopekmagazine.com

Mapmyrun : mapmyrun.com

Passeport santé : passeportsanté.net

Raquette Québec : raquettequebec.com

Savoir-sport : savoir-sport.org

Société canadienne de physiologie de l'exercice : csep.ca

Société canadienne du cancer : cancer.ca

Sport et société : sportetsociete.com

Triathlon Québec : triathlonquebec.org

Ultramarathon Québec : ultramarathonquebec.ca

Volodalen : volodalen.com

5142
5226

5120
5339

CRÉDITS PHOTOS

C-4 : *La Presse*/
Marco Campanozzi

Page 10 : Sophie Allard

Page 12 : brightroom.com

Page 16 : Sophie Allard

Page 28 : Annie Girard

Page 32 : iStockphoto

Page 49 : Esprit de corps

Page 50 : Josée Leblond

Page 54 : Sophie Allard

Page 68 : brightroom.com

page 70 : Étudiants dans
la course

Page 79 : Sophie Allard

Page 82 : iStockphoto

Page 96 : Lysanne Goyer

Page 107 : La Boîte à Fanny

page 108 : Sophie Allard

page 112 : QuebecStoc-
kimages.com / Antoine
Petrecca

Page 114 : Sophie Allard

page 127 : Courir à Québec.
André Voyer, photographe

page 133 : Stéphane Lemay
Photographie

page 136 : Nuvision
Action Image

page 138 : Nathalie St-Pierre

page 140 : iStockphoto

page 142 : FouBraque.com

page 144 : iStockphoto

page 145 : North Face

page 148 : Nuvision
Action Image

page 150 : Luc Hamel

page 152 : Peggy Labonté

page 154 : 48 heures
Surgères

page 157 : RSO – Cyril
Bussat

page 158 : Sophie Allard

page 162 : iStockphoto

page 175 : Courir à Québec/
Défi des dames de coeur

page 176 : Caroline Allard

page 178 : RSO – Cyril
Bussat

page 182 : Emmanuelle
Dudon

Page 192 : Sophie Allard

Page 212 : Courir à Québec.
André Voyer, photographe